Johann Christoph Kröger

Das unhaltbare und gefährliche der materialistischen

Naturanschauung dem Volke,

seiner Jugend und deren Lehrer dargestellt

Johann Christoph Kröger

Das unhaltbare und gefährliche der materialistischen Naturanschauung dem Volke,
seiner Jugend und deren Lehrer dargestellt

ISBN/EAN: 9783743461574

Hergestellt in Europa, USA, Kanada, Australien, Japan

Cover: Foto ©ninafisch / pixelio.de

Manufactured and distributed by brebook publishing software
(www.brebook.com)

Johann Christoph Kröger

Das unhaltbare und gefährliche der materialistischen

Naturanschauung dem Volke,

Das

Unhaltbare und Gefährliche

der

materialistischen Naturanschauung.

Dem Volke, seiner Jugend und deren Lehrer

dargestellt

von

Dr. J. C. Kröger.

————

Zweite vermehrte Auflage.

————

Hamburg.
Verlag von Robert Kittler.
1861.

Carl Fischer's Buchdruckerei.

Seinem

vieljährigen, biedern, gelehrten und geehrten Freunde,

Herrn Direktor Dr. Kraft,

zum frohen Jubelfeste

seines 50 Jahre lang unermüdet und segensreich geführten
Lehramtes,

mit dem herzlichen Wunsche:
otium cum dignitate, summa senectus in conscientia bene
actae vitae!

Der Verfasser

Hamburg, den 10. December 1860.

Vorwort.

So oft mir die erfreuliche Veranlassung gegeben ward, in den literarischen Versammlungen der hiesigen „Gesellschaft der Freunde des vaterländischen Schul= und Erziehungswesens" das Wort zu nehmen, habe ich Gegenstände zur Erörterung gebracht, welche mir für Lehrer als die wichtigsten und zeitgemäßesten erschienen. Einestheils behandelte ich in ihnen die allgemeinen Regeln und Grundsätze des Unterrichts und der Erziehung, weil sie die eigentlichen Berufskenntnisse des Lehrers sind und dem Ariadne= Faden gleichen, welcher ihn aus dem Labyrinth der mannigfaltigen Erscheinungen des kindlichen Entwicklungsganges leitet. Fehlt dem Erzieher die klare Einsicht in diese Grundsätze, so fehlt ihm bei seinem Bauen der Boden — so ist er einem Rohre gleich, welches der Wind jeder zeitweiligen Meinung hin= und herbewegt; so läßt er sich heute einreden, daß Lesen, Schreiben und Rechnen — morgen, daß sogenannte Botanik oder Physik — übermorgen, daß Volks= wirthschaftslehre oder die Kurzschrift das non plus ultra aller Kenntnisse sei, welche das Kind in unsern Volksschulen sich an= eignen müsse; so wird · er heute den Kindern erlauben, was er ihnen morgen verbietet; heute bei den Fehlern durch die Finger sehen, die er morgen bestraft; heute Alles spielend betreiben lassen, und morgen die Anstrengung fordern, ohne welche keine geistige Kraft zu erringen ist. Das Resultat solcher schwankenden Grund=

1*

fäße bleibt dann aber immer: Oberflächlichkeit im Wissen und Mangel an sittlicher Kraft. Daher meine Vorträge „über die Erziehungssysteme, welche sich auf Entwickelung der kindlichen Anlagen beziehen" (1829), „über das Studium der Pädagogik" (1834) ꝛc.

Andererseits suchte ich den Lehrerstand vor gefährlichen Abwegen, vor pädagogischen Uebertreibungen zu warnen, welche seit 1848 sich manches Kopfes zu bemeistern suchten. Daher meine Vorträge „über die schiefe Stellung, in welche die Schule mit Kirche und Staat zu gerathen droht" (1851), und „über moderne Erziehung und Christenthum in Schule und Haus" (1854) ꝛc.

Als ich daher in diesem Jahre von dem Vorstande unserer Gesellschaft ersucht ward, wiederum einen Vortrag zu halten, war die Wahl des Thema's mir nicht lange zweifelhaft. Die Naturforschung hatte in den letzten Decennien Riesenschritte gemacht und einen bisher ungeahnten Blick in alle Reiche der Natur eröffnet; die Bekanntschaft mit deren Gesetzen und Erscheinungen schien daher auch vielen Aeltern und Lehrern als ein unerläßliches Bedürfniß unserer Volksschulen; aber die Anforderungen wurden in dieser Hinsicht zu hoch geschraubt. Es machte sich nicht nur die Ansicht geltend, daß die Naturkunde die allein seligmachende Kenntniß sei; sondern der Materialismus suchte sich der Naturforschung zu bemächtigen und mit hohlen Redensarten Alles hinwegzubeuteln, was den Geist erhebt, das Herz stärkt, den Charakter veredelt, und verwirrte (selbst zu den Ohren von Kindern gelangend) mit seinen Scheingründen alle wissenschaftlichen Grundlagen und alle sittlichen Begriffe.

Diese Erfahrung veranlaßte mich, über den „Materialismus" zu reden, die Ansichten desselben in kurzem Zusammenhange darzulegen, ihre Unhaltbarkeit zu zeigen und auf das Gefährliche desselben für das Volk, die Jugend und deren Lehrer hinzuweisen.

Meine freundlichen Zuhörer hörten diese Darstellung und Beurtheilung mit reger Theilnahme und der gespanntesten Aufmerksamkeit an, ohne durch die nothwendige Länge des Vortrags sich hindern zu lassen, und äußerten am Schlusse lebhaft den Wunsch, den Vortrag ihrem Jahresberichte beidrucken zu dürfen: theils um ihn desto ernster in Erwägung ziehen zu können, theils um den nicht-pädagogischen Mitgliedern unserer Gesellschaft einen neuen Beweis zu liefern, daß es in ihrem Kreise, nach dem höchst einseitigen und sehr befangenen Urtheil des „Hamburger Schulblattes", sich nicht bloß um die Verbesserung der äußern Lage der Lehrer handele, sondern daß wissenschaftliche Vorträge und geistige Bestrebungen jetzt wie früher eine Haupttendenz der Gesellschaft seien und es bleiben werden, wenn sie auch ungehörige und excentrische Zumuthungen mit Recht abweiset. Diesen Gründen völlig beistimmend, habe ich jenem Wunsche Folge geleistet, in der Hoffnung, dadurch einen Beitrag „zur geistigen Veredlung des hamburgischen Lehrerstandes", d. h. zu dem klar ausgesprochenen Zweck der Gesellschaft, geliefert zu haben. —

Obgleich dieser Vortrag zunächst nicht für die Oeffentlichkeit bestimmt war, sondern nur als Beilage zum Jahresbericht der Gesellschaft dienen sollte, so fand er doch hier und in auswärtigen Blättern (dem theologischen Correspondenzblatt der allgemeinen Kirchenzeitung, der Preuß. und der Mittelrhein. Zeitung) eine sehr günstige Aufnahme und Beurtheilung. Den häufigen buchhändlerischen Nachfragen, die nicht befriedigt werden konnten, folgte der wiederholte Wunsch, der kleinen Schrift eine größere Verbreitung zu geben, wozu Herr Buchhändler Kittler sich bereit erklärte, weil diese Theilnahme den erfreulichen Beweis liefert, daß trotz mancher Extravaganzen unserer Zeit, der Sinn für höhere Wahrheiten, das religiöse Gefühl, der christlich-sittliche Ernst noch bei Vielen im deutschen Volke nicht erkaltet oder gar ertödtet ist.

Ich gebe den Vortrag wie er war, bloß mit einigen Zusätzen, obgleich ich bei Abfassung desselben die doppelte Schwierigkeit zu bekämpfen hatte, nicht allein einen Gegenstand von solchem Umfange und solcher Bedeutung in den Rahmen eines anderthalbstündigen Vortrages einzufassen, sondern auch einen wissenschaftlichen

Gegenstand so faßlich und populär darzustellen, daß er nicht blos den Gelehrten (denen nach einem alten Sprichwort, gut und leicht predigen ist) sondern auch dem Volke, der Jugend und ihren Lehrern allgemein verständlich und dadurch nützlich werde. Möge dieser Zweck durch den neuen Abdruck in reichlichem Maaße erreicht werden!

Hamburg, am Feste aller Deutschen, 18. October 1860.

Der Verfasser.

„Der Geist muß denken; ohne Denken gleicht der Mensch dem Ochs und Eselein im Stalle; sein Herz muß lieben: Gott und den Nächsten wie sich selbst; ohne Liebe gleicht er dem tönenden Erz und der klingenden Schelle, und verfehlt den Zweck seines Daseins." — In diesen Aussprüchen, geehrte Anwesende, stimmen Dichter und Theologen, Vernunft und Bibel, Philosophie und Offenbarung mit einander überein. Wie die Pflanze wachsen muß, weil ein Bildungstrieb in ihr liegt, wie der Vogel fliegen und der Fisch schwimmen muß, weil die Anlagen dazu ihnen gegeben sind: so muß auch der Mensch das Wahre·und Rechte erkennen, das Schöne und Erhabene empfinden, das Gute und Edle wollen, eben weil Denk-, Gefühls- und Willensvermögen ihm angeboren sind, und das Denken, Wollen und Empfinden ebenso zum wahren Wesen seines Geistes gehört, als Essen, Athmen, Schlafen 2c. zu den unerläßlichen Bedürfnissen seines Leibes. — Fehlt es an dieser geistigen Regsamkeit, entweder aus Mangel frühzeitiger Anregung, wie bei manchen verwahrloseten Kindern, z. B. dem räthselhaften Kaspar Hauser, oder in Folge früher Gewöhnung an ein rein sinnliches Leben, z. B. bei dem Schlemmer und Spieler, oder wegen krankhaften Zustandes des Körpers, wie bei dem Taubstummen und Idioten: so steht er dem Thiere näher als dem Menschen.

Das Endziel aller Erziehung und Selbstbildung ist und bleibt zwar die allseitige und harmonische Ausbildung aller menschlichen Anlagen, damit der Mensch seine hohe Bestimmung für diese und jene Welt erreiche: und deßhalb muß die Veredlung des Herzens, die Bildung des Gemüths, die Kräftigung des Charakters, die Leitung des Willens auf das Gute stets als die Hauptaufgabe aller Erziehung obenan stehen. Der Mensch aber ist auf jeder Stufe seiner Entwicklung ein Gesammtwesen, die einzelnen Geisteskräfte wirken aufeinander: daher muß auch dem Denkvermögen bei der Erziehung sein Recht widerfahren. Die Menschheit bedarf für ächte Fortschritte, für wahre Erhebung sicherlich vor allen Dingen Charaktere, die wie Luther aus geistiger und Blücher aus

leiblicher Knechtschaft zu erlösen vermögen; und selbst für den einzelnen
Menschen reicht es wahrlich nicht aus, daß er wisse, was recht ist und
was zu seinem innern oder äußern Heile dienet, sondern daß er die
Kraft und Entschlossenheit, die Selbstbeherrschung und Beharrlichkeit be-
sitze, um das Rechte zu thun bei allen Reizen der Welt, bei der Leidenschaft Toben, bei des bösen Beispiels verführerischer Gewalt, bei der
lockenden Stimme des Versuchers: denn zwischen Erkennen und Wollen,
zwischen Wissen und Thun ist bekanntlich eine große Kluft befestigt!
Eine einseitige Bildung des kalt berechnenden Verstandes hat noch nie
einen wahrhaft edlen, für Menschenwohl kräftig wirkenden Menschen
gebildet; Schärfe des Verstandes ohne Veredlung des Herzens ist ein
geschliffener Dolch in der Hand eines Bösewichtes und die größten Verbrecher sind gewöhnlich Helden an Schlauheit und Pfiffigkeit. Darum
ist es ein arger und gefährlicher Mißgriff unserer Zeit und mancher
Schulen, wenn sie alles Heil von Verstandesbildung erwarten und den
Werth eines Menschen nach seinem Wissen beurtheilen; Verstand und
Wissenschaft, Kunst und Talent geben an sich so wenig Werth als Kör-
perkraft, Rang oder Reichthum: denn es kommt auf die rechte Anwendung an; und diese verbürgt nur ein wohlwollendes Gemüth, ein sittlicher
Charakter, ein frommer Sinn. Wären nicht Napoleon und Talleyrand
und hundert Andere, bei ihrer unläugbaren Verstandesschärfe wahre
Wohlthäter der Menschheit geworden, wenn sie sich an die schwere Kunst
gewöhnt hätten, sich selber zu beherrschen, und wenn ihr Denken, Wollen
und Thun von Gewissenhaftigkeit, Wohlwollen und Menschenliebe, statt
von Egoismus oder Indifferentismus geleitet worden wäre? Und wie
mancher Mensch besitzt einen hohen Grad von Menschenkenntniß und
Schlauheit und scheut kein Mittel, die Menge zu lenken — aber nur
für seine eigensüchtigen und verderblichen Zwecke; wie mancher spricht
viel von Freiheit, und will nur Zügellosigkeit; von Gesetzverbesserung,
und mißbraucht Gesetz und Freiheit zur Chikane und zum Deckel der
Bosheit; wie mancher redet von Gewissensfreiheit, sucht aber nur Freiheit von dem lästigen Dinge, welches man Gewissen nennt: denn
wirklichen Glaubens- und Gewissenszwang kennt der ächt-protestantische
Staat wie die protestantische Kirche nicht.

Wenn wir indeß auch reine Sittlichkeit, Gewissenhaftigkeit, Herzens-
und Charakterbildung als die höchste und wichtigste Aufgabe für den
einzelnen Menschen und für ganze Völker betrachten müssen, so fordert doch
schon die pädagogische Regel: „daß alle geistigen Anlagen des Kindes
in ihrer Gesammtheit harmonisch entwickelt werden sollen, damit

es seine Bestimmung für diese und jene Welt erreiche", unstreitig auch eine gründliche Bildung des Denkvermögens, schon als Mittel zum Zweck, um der Uebung des Guten willen. Denn wer ein Ziel erreichen will, muß es unstreitig kennen und den rechten Weg wissen; unsere Vorstellungen wirken bekanntlich auf unsere Entschlüsse, wir müssen sie also nothwendig zu vermehren und zu berichtigen suchen. Und damit steht unser Satz fest: Der Geist muß denken; denkt er doch sogar im Traume! — Nichtdenken ist geistiger Tod, und in hundert Fällen des Lebens, wo Pflicht mit Pflicht in Collision kommt, reicht das Rechtsgefühl nicht aus, es muß ein Rechtsverstand hinzukommen. Endlich muß der Christ auch manches kennen lernen und wissen, um sein Christenthum im Leben durch Beförderung des Gemeinwohles zu bethätigen. — Vor einer sogenannten Ueberbildung habe ich keine Furcht.*) sobald die Bildung nur harmonisch Geist, Herz, Gemüth und Willen anregt; eine einseitige Verstandesbildung kann aber sehr gefährlich werden!**)

Wer aber denkt, der muß einen Stoff haben, worüber er denkt. — Welches ist nun der Stoff, der Gegenstand unsers Denkens? Er bezieht

---

*) Jetzt so wenig als vor 35 Jahren, wo ich in meinem »Archiv« den Aufsatz: »Ueber die Furcht vor einer sogenannten Ueberbildung der Waisen und des Volkes« veröffentlichte; denn ich rede nicht, wofern ich nicht gehörig überlegt habe, und daher modificiren sich meine Ansichten vielleicht im Einzelnen: ändern sich aber nicht in der Grundlage. Damals meinte Mancher: ich wolle mit der Bildung der Kinder des Volkes zu weit, jetzt faselt Mancher, der sich einbildet, er habe Siebenmeilenstiefeln an, ich wolle nicht fort, oder habe umgesattelt; ich muß also doch wohl die rechte Mitte getroffen haben, und — werde dabei bleiben! Wenn ich früher mich gegen manche Erscheinungen (wie hier gegen den Materialismus) nicht ausgesprochen habe, so folgt nicht, daß ich sie billige, — sondern nur, daß ich sie nicht für sehr gefährlich hielt, da sie bloß in einzelnen Kreisen bemerkbar waren und schüchtern auftraten.

**) Mancher überredet sich, und aus Schmeichelei auch Andere, daß die Wissenschaft jetzt Allgemeingut geworden, um sich dadurch das Recht zu vindiciren, über Alles mitreden zu dürfen. Davon sind wir aber weit entfernt und werden auch recht weit davon entfernt bleiben; denn selbst der Gelehrte hat jetzt genug zu thun, wenn er mit seiner besondern Wissenschaft fertig werden will. Welche Wissenschaften sind denn Allgemeingut? Etwa die Astronomie, weil Jemand über die Zahl, Größe und Entfernung der Gestirne eine Vorlesung gehört, oder ein Buch gelesen hat? Etwa die Mathematik, weil er seinen pythagoräischen Lehrsatz beweisen kann? Etwa die Physik, weil er von den Erscheinungen der Elektricität 2c. etwas gehört? Etwa die Kirchen- und Staatslehre, die Theologie und Philosophie, die Pädagogik oder Anatomie, weil er einige Lehrsätze gedächtnißmäßig aufgefaßt hat? — Nein! die Principien dieser Wissenschaften hat er damit nicht begriffen, und selbst die Resultate derselben muß er in hundert Fällen auf Treu und Glauben hinnehmen.

sich in seinen Grundlagen auf Natur, Mensch und Gott, als den drei letzten Beziehungen alles Erkennens und Wissens. Das gewöhnliche Erkennen bezieht sich auf die äußeren Merkmale, die Erscheinungen rc. dieses Stoffes; das wissenschaftliche Erkennen aber geht auf die letzten Gründe und Grundsätze oder Principien derselben zurück, und wir reden dann von Natur-, Geistes- und Religions-Philosophie. Mit ihnen hat es weder die Schule noch der Nichtgelehrte zu thun. · Die Schule soll das Kind in die Anfangsgründe (Elemente) dieser Lehrstoffe einführen, damit es an ihnen seine geistigen Anlagen entwickle, und jeder Schulplan muß auf diesen dreifachen Stoff gebaut sein, wenn eine harmonische Bildung entstehen soll. Das Kind soll also an die Natur gebracht werden, um sie kennen und sie beherrschen zu lernen; an die Menschen, um mit ihnen in Harmonie zu kommen, von ihnen angeregt zu werden, auf sie einzuwirken; es soll mit Gott und einer übersinnlichen Welt in Harmonie treten, denn ohne Kenntniß Gottes bleibt die Natur ein Gewirr und die Menschheit ein Räthsel. Wer mit dem Höchsten in Harmonie steht, oder wie das die Bibel ausdrückt, „ein Leben in Gott führt", der lebt auch in Harmonie mit Allem, was ihn umgiebt, was umgekehrt der Fall nicht ist. Zu dieser Harmonie führt der Glaube, die Religion, und zwar die vollkommenste: das Christenthum, welches unserm Denken die vollste Befriedigung, unserm Willen die wahre Freiheit, unserm Herzen die edelste Begeisterung und unserm Gewissen die rechte Haltung gewährt.

Die Natur, als leb- und vernunftlos, steht unter uns und ihre Erforschung macht daher die wenigste Schwierigkeit. Die Naturkunde hat daher auch in unsere Zeit Riesenschritte gemacht; ihre Kräfte, Erscheinungen und deren Gesetze hat der Mensch ihr abgelauscht, und sie dadurch in seine Dienste genommen. Er durchschifft die Luft und durchwühlt die Erde, um ihre Natur und Beschaffenheit zu erkennen; er bringt mit dem Teleskop bis zu den fernsten Welten und berechnet ihre Bahnen und Größen, und entdeckt mit dem Mikroskop Millionen belebter Wesen in dem Wassertropfen und im Sandkorn; er leitet den Blitz wie ein Kind am Gängelstuhle, und zerlegt die unorganisirten wie die organisirten Naturkörper in ihre einfachsten Bestandtheile; er zwingt das Licht ihm treue Abbildungen zu liefern, und spannt den Dampf an Wagen und Schiffe; er durchfliegt alle Zonen der Erde und redet in Blitzesschnelle durch einen Metalldraht mit fernen Personen. — Wir freuen uns dieser Entdeckungen und der Forscher, welche, wie Humboldt, Liebig rc., die Naturforschung zur Wissenschaft erhoben haben: denn der Mensch soll herrschen über die Fische im Meere und über die Vögel unter dem

Himmel und das unsichtbare Wesen und die ewige Kraft Gottes wahrnehmen an der Schöpfung". Ein Theil der neuern Naturforscher ist jedoch (von den äußern Erscheinungen der Natur auf die Principien, d. h. nicht bloß auf die physischen Wahrnehmungen, sondern auf den höhern metaphysischen Grund der Dinge und ihre Bestimmung, zurück= gehend) vielfach auf mißliche Abwege gerathen und hat das Geistige im Materiellen, den Schöpfer über das Geschöpf verloren!*) Je mehr nun jetzt auf den Unterricht in der Naturkunde Gewicht gelegt wird, desto leichter können Lehrer und Aeltern dadurch in Gefahr kom= men, über das Hinanbringen des Kindes an die Natur die höhern Be= ziehungen desselben zu den Menschen, wie zu Gott zu vernachlässigen oder wohl gar zu verläugnen.

Seit längerer Zeit nun habe ich mich mit den zahlreichen Schriften, welche diesem Materialismus huldigen, beschäftigt (d. h. mit derjenigen Denkart und Ansicht, welche Alles, was in der Welt vorhanden ist, als bloße Materie, die den Raum erfüllt, ansieht und außer ihr nichts an= deres, nichts Geistiges anerkennt) und mir ihre Behauptungen und deren Gründe neben einander gestellt, um sie gehörig würdigen zu können. Da Ihnen nun vermuthlich Zeit, Gelegenheit und Veranlassung dazu fehlen, so glaube ich der freundlichen Einladung, in Ihrer geschätzten Versammlung heute einen Vortrag zu halten, dadurch am zweckmäßigsten zu genügen, wenn ich

eine möglichst populaire Darstellung und einfache
Beurtheilung dieser materialistischen Ansichten

versuche, um Sie dadurch auf den rechten Standpunkt der Beurtheilung zu stellen, auf die Scheingründe aufmerksam zu machen und das Unhalt= bare und Gefährliche derselben für das Volk, seine Jugend und deren Lehrer nachzuweisen.

Die Gerechtigkeit verlangt, m. H., daß wir, ehe wir urtheilen, uns erst den Sachverhalt, den Gegenstand der Untersuchung, das corpus delicti, klar machen; ich will Ihnen daher die Ansichten und Behaup= tungen unserer Materialisten so kurz wie möglich, und zwar mit ihren eigenen Worten darstellen. Sie behaupten: „die Materie, der Stoff der Welt, sei ewig, unerschaffen, unverwüstbar, unvergänglich, und ent=

---

*) Mit dem Denken geht es wie mit dem Reden: es kommt auf das Was und Wie an! Der ist noch kein Denker, der allerlei Einfälle hat, wie Der kein Redner, der über allerlei schwatzt und Worte macht ohne Gedanken! ——

halte eine unendliche Menge kleiner Körperchen, welche Atome genannt werden. Diese bestehen, wie die neuere Chemie lehrt, aus Kohlen-, Sauer-, Stick- und Wasserstoff, aus Schwefel, Phosphor 2c.: denn dies sind die Elemente aller körperlichen Dinge, der organisirten und lebendigen, wie der unorganisirten und leblosen, so verschieden sie auch beschaffen sein mögen. Diese Atome sind in unaufhörlicher Bewegung, in einem ewigen Bildungsprozesse; bewußtlos und willenlos zwar an sich, ziehen sie sich doch gegenseitig an oder stoßen sich ab, verbinden und trennen sich, scheiden sich aus und vereinigen sich wieder mit andern Substanzen, theils zufällig, theils nach einer ewigen Nothwendigkeit (Büchner, Vogt). Diese Bewegung des Stoffes läßt sich zwar nicht denken, ohne daß man eine Kraft voraussetzt; allein diese Kraft ist nichts vom Stoffe Unabhängiges, wie man sich bisher eingebildet hat, sondern eine unzertrennliche Eigenschaft desselben. Aus dem zufälligen Spiele dieser waltenden chemischen und physikalischen Kräfte, wodurch die Atome in Bewegung kommen, haben sich alle Dinge entwickelt. — Zunächst finden sich jene Stoffe in den Mineralien, also in unorganisirter Gestalt; mittelst Luft und Wasser nimmt dann die Pflanze sie in sich auf, eignet sich dieselbe vermöge ihrer eigenthümlichen Structur an, und verwandelt dadurch das Unorganische in Organisches. Aus dem Urschlamme der ewigen Stoff-Atome entwickelten sich die Stoffe der ersten organischen Zelle, daraus die pflanzlichen, dann die thierischen Formen. — In der bestimmten Combination, welche nun diese einfachen Stoffe durch den Bildungsprozeß erhalten, vermögen sie den thierischen Organismus sich anzueignen, und durch eine Reihe eigenthümlicher Umwandlungen und Zersetzungen sie in Blut (zu dessen Oxydirung das Thier Sauerstoff bedarf) und aus dem Blute in Knochen, Muskeln, Nerven, Gehirn 2c. zu verwandeln und so das Thier, vom Polypen bis zum Affen, zu entfalten. Aus dem Geschlechte der Affen entsproß der erste Mensch, an der Brust der Affinn saugte er die erste Muttermilch (Reichenbach, Feuerbach 2c.)!"

„In diesem stufenweisen Bildungs-Prozesse, der alle Theile: Gewebe, Zellen, Organe der Körper, ununterbrochen ausbildet (so daß sie in bestimmter Zeit, obwohl aus ganz andern Stoff-Atomen bestehen), nimmt der Lebensprozeß stets neues Material von Außen auf, setzt das Verbrauchte wieder ab, damit es beim Absterben seinen Kreislauf von Neuem beginne, und sich wieder zum Staube, zur Erde, zur Pflanze, zum Thiere verbinde. Es ist ein bloßer Zufall, daß aus dem Wirbel der Atome dieses oder jenes Geschöpf hervorgeht: denn das Weltsystem (behauptet Büchner wie Moleschott) ist so zwecklos, daß kein vernünftiges Wesen daſſelbe geſchaffen haben kann; die Welt hat überall keinen Zweck und keine Zweckmäßigkeit. Soweit menſchliches Denken und Erkennen reichen, kann nie etwas Ueberſinnliches entdeckt und gewußt werden, und niemals wird es geſchehen können. Die Materie iſt das unmittelbare Daſein der göttlichen Idee, ſie iſt Naturleib und in aufſteigender Stufe Menſchengeiſt. Gott iſt keine Perſönlichkeit, ſondern das Weltall ſelbſt, die Vorſehung iſt das Geſetz der allgemeinen Naturnothwendigkeit: nicht Gott ſchuf und regiert die Welt, ſondern ſie ſchafft und regiert ſich ſelbſt.''

Eben ſo wenig wie für die Weltſchöpfung und Regierung braucht der Materialiſt einen Gott für die Menſchheit. „Der Menſch (heißt es ferner) unterſcheidet ſich vom Thier nur durch größere Beweglichkeit ſeines Nervenſyſtems; er iſt nur ein feiner organiſirtes Thier und von dieſem nicht qualitativ, ſondern nur graduell verſchieden. — Auch im Menſchengeſchlechte findet ein Uebergang ſtatt von dem Neger, welcher der Natur und den Rechten der Menſchen ganz unfähig iſt, und dem Weibe, das auf niederer Stufe ſteht, bis zu dem gebildeten europäiſchen Manne; ſein Körper iſt ein Produkt von Aeltern und Amme, von Luft, Licht, Klima, Nahrung u. ſ. w.; er entſteht wie das Thier, ſeine erſte Nahrung iſt thieriſche Milch, und der Stoffwechſel erhält ſein Leben wie das thieriſche Leben (Feuerbach): er iſt eine Maſchine, die ſich ſelbſt aufzieht.''

„Da außer den Atomen und dem Raume nichts wirklich vorhanden iſt, ſo muß auch die Seele des Menſchen nothwendig aus Atomen zuſammengeſetzt, folglich körperlich und vergänglich, ein Produkt des Stoffwechſels, des Zuſammenwirkens der Atome ſeines Leibes mit der Außenwelt ſein. Seele, Geiſt ſind bloße Eigenſchaften und Thätigkeiten des Gehirns und haben keine ſelbſtſtändige Exiſtenz. Seele iſt nur Funktion der Nervenſubſtanz, Gemüth iſt bewußtgewordene Kraft des Blutlebens. Willenstrieb iſt Statik der Gehirnfaſern auf Reize. Eine Seele annehmen, welche ſich des Gehirns als eines Inſtrumentes bedient, mit welchem ſie arbeiten kann, wie es ihr gefällt, iſt Unſinn, auf den nur ein blödſinniger Menſch kommen kann. Der Glaube, daß eine höhere Macht dem Kinde Geiſt und Seele eingeblaſen, iſt Unſinn (Büchner). Die Seele des Menſchen iſt nur eine potenzirte Thierſeele, und zwiſchen einer Vernunft und dem Inſtinkt des Thiers kein weſentlicher Unterſchied (Burmeſter).''

„Die Denkthätigkeit iſt daher abhängig von der Combination oder Zuſammenwürfelung der Gehirn-Subſtanz; der Gedanke iſt Bewegung, Umſetzung, Abſonderung des Gehirnſtoffes — ähnlich der Bewegung

eines Muskels, der Absonderung einer Drüse. Weil die Stoffe, besonders der Phosphor, der eigentliche „Licht= (und Gedanken=) träger",
in dieser bestimmten Form des Gehirns zusammengewürfelt sind, so
müssen sie so nothwendig denken, wie eine in Schwung gesetzte Saite
nothwendig tönen muß. — Ebenso verhält es sich mit dem menschlichen
Willen und mit dem menschlichen Bewußtsein. Das Bewußtsein ist
nichts als eine Eigenschaft des Stoffes und besteht aus stofflichen Bewegungen, die im Gehirn als Empfindungen wahrgenommen werden.
Ist nun der Geist des Menschen nichts als ein Natur=Prozeß, ohne
eigenthümliches, inneres Leben, so ist auch die menschliche Freiheit als
Selbstbestimmung ein Unding, eine Selbsttäuschung. Der Wille ist nur
eine nothwendige Folge des Stoffwechsels, gebunden an das Naturgesetz
der Bewegung des Gehirns, wie die Pflanze an ihren Boden. Der
Mensch ist also nicht ein freiwollendes Wesen, sondern das nothwendige
Produkt angeborner Anlage, in Verbindung mit äußern Umständen:
als Nahrung, Beispiel, Erziehung u. dgl. Eine freie Willensbestimmung,
unabhängig von der Summe dieser äußern Einflüsse giebt es nicht;
wir sind keinen Augenblick Herren unserer selbst: Tugend und Laster,
Liebe und Haß, Muth und Feigheit, Wohlthun und Verbrechen sind
nothwendige Folgen der Verhältnisse und des durch äußere Einwirkungen
bedingten Zustandes des Gehirns (Feuerbach, Büchner u. a.)."

„So ist alles Denken, Wollen, Empfinden und Thun des Menschen
nichts anders, als das Ergebniß der Bewegung und Umgestaltung der
Gehirn=Substanz, welche durch die Nahrung in ihrem Wesen bedingt
ist: denn was der Mensch ißt, das ist er! Werden dem Körper feine,
edlere Nahrungsmittel zugeführt, so erhält er eine edlere Seele, wie der
Schmetterling, der von dem süßesten Safte der Blumen lebt, höher
steht als die Raupe, welche grobe Blätter frißt. — Die feinsten Gedanken hängen von den feinsten Speisen ab, denn der Gedanke ist ja
nichts als Bewegung des Stoffes. Das Brot ist der Stoff der
edelsten Bewegung, deren die Menschen fähig sind, und zwar durch die
Thätigkeit des Phosphors, der es läutert und zum Stoffwechsel zurichtet.
Jedes gewöhnliche Mahl ist daher ein bedeutendes Ereigniß, ein „Abend-
mahl", bei welchem der gedankenlose Stoff in denkende Menschen verwandelt wird. Jeder gewöhnliche Bergmann, der nach phosphorsaurem
Kalk gräbt, gräbt nach Menschen, er durchwühlt die Erde, um Gedanken-
nahrung zu finden (Vogt, Büchner), und es geht ihm also möglicher-
weise der Stoff zu einem Kant oder Schiller, Goethe oder Humboldt,
Friedrich oder Napoleon durch die Hände."

„Diese Verwandlung der Grundstoffe, deren Menge und Qualität stets dieselbe und für alle Zeiten unveränderlich bleibt: ist das Leben der Welt. Und daß wir uns unserer Mitgliedschaft in diesem ewigen Kreislaufe der Natur bewußt sind: das ist die höchste, beglückendste Weisheit, zu welcher sich der Mensch erheben kann. Wie aber die ganze Welt, so hat auch der Mensch keine höhere Zwecke seines Daseins in sich selbst, als die Förderung des Stoffwechsels, als eine kräftige Phosphor-Erzeugung durch gutes Essen, Trinken, Baden ꝛc., um den Lebensgenuß, die Lebensthätigkeit in der Welt zu erhöhen. Je klarer sich der Mensch bewußt wird, daß er durch richtige Paarung von Kohlensäure und Luft, von Wasser und Salze ꝛc. an der höchsten Entwickelung der Menschheit arbeitet, desto mehr wird sein Ringen und Schaffen veredelt. — Und hört endlich der Stoffwechsel in seinem Körper und seinem Gehirn auf — folglich seine leibliche und geistige Thätigkeit, dann dient er noch im Tode der Welt, indem sein Staub düngend in andere Körper übergeht und andere Entwicklungen fördert. *) Der leibliche Tod ist daher Vernichtung unseres ganzen Wesens und Lebens; wir sterben auf Nimmerwiederkehr; das geistige Leben des Individuums wird mit dem Tode des Leibes absolut, vollständig und auf ewig vernichtet (Büchner, Moleschott, Vogt)." — —

Das, geehrte Anwesende, sind in der Kürze die Grundzüge des Materialismus unserer Zeit, welche uns als eine hohe Weisheit und als neues Evangelium verkündigt werden. Wir wollen sie etwas näher beleuchten, sowohl in ihrer theoretischen Unhaltbarkeit, als in ihren praktischen Nachtheilen. So sehr wir uns der neuen Entdeckungen auf dem Gebiete der Naturkunde (s. oben) erfreuen, so können wir doch zunächst nicht anders, als die Ueberzeugung aussprechen, daß die sogenannte Wissenschaftlichkeit den Mund etwas zu voll nimmt, wenn sie sich ihrer Weisheit und ihrer Entdeckungen im Gebiete der Natur so gewaltig rühmt und darauf die Forderung baut, daß ihren Forschungen sich jede andere, welches auch ihr Gebiet sei, beugen müsse. Denn was wissen wir denn eigentlich? — Wir erkennen wohl die Wirkungen der

---

*) Daher heißt es von den Materialisten:
— als der Weisen Jünger
Sagt Ihr, daß, so wir einst zerrieben,
Am Ziel sei unser Hoffen, Lieben,
Wenn trefflich dienen wir als Dünger.

Electricität und des Galvanismus, die Gewalt des Dampfes und des Lichtes, die Erscheinungen des Magnetismus, die Gesetze der Bewegung der Himmelskörper, den Kreislauf des Blutes, die Windungen des Gehirns ꝛc.; aber von den Grundursachen dieser Erscheinungen, von ihrem Wesen, ihrer inneren Natur — von dem was jene Dinge an sich sind, und wie ihre Thätigkeiten und Bewegungen entstehen, worauf sie sich gründen: davon wissen wir wenig oder nichts! Unsere meisten Behauptungen in dieser Beziehung sind nichts anders, als Muthmaßungen, Wahrscheinlichkeiten, Meinungen und Hypothesen. Jahrtausende herrschte z. B. die Meinung von der Bewegung der Sonne um die Erde, bis Kopernikus sie durch Beobachtungen und Reflexionen des Verstandes in Zweifel zog und einer Beurtheilung unterwarf; seit drei Jahrhunderten ist die Bewegung der Erde eine Hypothese, ja sie scheint eine Thesis geworden; aber möglich, wenn auch nicht wahrscheinlich ist es doch, daß schärfere Fernröhre und schärfere Beobachtungen ein neues Licht anzünden — wie man sonst die Central-Sonne im Sirius, und jetzt in andern Sternen zu finden meint.

Entdeckungen sind freilich in unserer Zeit viele gemacht worden; aber was nennen wir eigentlich Entdeckung? Doch wohl nur die Auffindung einer Erscheinung, einer Thatsache, die bisher unbekannt war, und deren Benutzung für einen bestimmten Zweck; z. B. der Schnelligkeit, womit die elektrisch-galvanische Materie am Metalldraht dahinfährt oder das Sonnenlicht ein Bild auf präparirter Metallplatte darstellt ꝛc.; aber dieses Auffinden neuer Erscheinungen und Thatsachen hat mit der Erkenntniß ihres eigentlichen Wesens und ihrer Endursachen nichts gemein. Wir nehmen die Erscheinung des Blitzes wahr, ahmen ihn seit Erfindung der Elektrisir-Maschine nach; ist damit aber die Frage beantwortet, was die elektrische Materie oder die galvanische, magnetische Kraft, die Wärme-Materie ꝛc. an sich sei? — Noch immer gilt daher des berühmten Naturforschers Haller Ausspruch: „In's Inn're der Natur dringt kein erschaffner Geist!" und je mehr wir ein tieferes Eindringen versuchen, desto mehr müssen wir eingestehen, daß wir uur die äußern Erscheinungen der Dinge erkennen; ihr Inneres aber und ihr Wesen uns verborgen bleibe, verborgen das Dasein und Wachsthum des kleinsten Grashalms, wie die Existenz und Bewegung des größten Himmelskörpers.

Die Atomen-Weisheit unserer Materialisten ist aber auch durchaus nichts Neues. Wer die Schriften der römischen und griechischen Philosophen (Plato's Timäus, Diogenes Laërtius über den Epikur, Cicero de natura

Deorum u. a.) gelefen hat,*) der weiß, daß ähnliche Meinungen dort vielfach und zwar als heidnifche Phantafieftücke vorkommen, die uns jetzt faft mit denfelben Worten in großer Keckheit als unerhört Neues und Unwiderlegbares (die gegentheilige Anficht heißt immer „Unfinn", „Unmöglichkeit", obgleich der Beweis dafür fehlt) aufgedrungen werden.

„Das Weltall, fagen jene alten Philofophen, ift unbegrenzt und ewig. In dem unendlichen Weltraume (Chaos, formlofe Maffe) giebt es unendlich viele und unendlich kleine Körperchen, welche Atome heißen, und die Bedinguiffe alles Dafeins in der Welt find; diefe bewegen fich im leeren Raume unaufhörlich und mit gleicher Gefchwindigkeit. Die leichten fteigen in die Höhe, die fchweren fenken fich; weil fie aber mit Häkchen verfehen find, fo haken fie zufällig aneinander, vereinigen fich und bilden in jedem Augenblicke Körper und Welten. In jedem Momente exiftiren aber auch Urfachen, welche das, was die Atome gebildet haben, wieder zerftören."

„Auch der menfchliche Körper befteht aus folchen Atomen, deren Zuftrömen jedoch auf eine gewiffe Zeit befchränkt ift; hört das Zuftrömen auf, fo vergehen fie. Selbft die Götter entftehen aus Atomen; weil aber bei ihnen in jedem Moment der Abgang durch neue Zuflüffe erfetzt wird, fo find fie ewig."

Es ift einleuchtend, m. H., daß unfere materialiftifchen Naturforfcher noch tief im Heidenthum ftecken — ja noch tiefer ftehen, denn jene heidnifchen Philofophen hatten noch den Glauben an Götter oder Gott, den die Helden des neuern Materialismus, Büchner, Vogt, Molefchott, Feuerbach u. a., in ihrer Weisheit entbehren zu können vermeinen. — Andere griechifche Philofophen lachten freilich über diefen „wunderlichen Tanz der Atome" und erklärten ihn für eine kindifche Annahme.

Auch die Seele, behauptet Epikur, beftehe aus den feinften, rundeften Atomen, nämlich aus einem feurigen, einem luft- und rauchartigen, einem lichten und endlich aus einem namenlofen Stoff, der das Princip des Empfindens ift. Alles Vorftellen und Erkennen werde durch Bilder vermittelt, die als feine Ausflüffe der Körper (etwa wie die Dünfte derfelben) zuerft unfichtbar ausftrömen, aber mit andern fich zufammenfetzend, Geftalten bilden, welche den Körpern ähnlich find, von denen fie urfprünglich ausgingen; diefe Bilder aber, fügt er hinzu, würden

*) Es gab eine ganze atomiftifche Schule, zu welcher Leukippos, Anaxagoras, Demokritos von Abdera u. a gehörten. Oder wollte letzterer, der fogenante „lachende Philofoph", fich mit diefen Behauptungen nur über feine Abderiten luftig machen?

keine Erkenntniß gewähren, ohne den schon in der Seele enthaltenen Vorbegriff (Prolepsis). *)

Höher standen schon Pythagoras, Sokrates, Plato, Aristoteles, wie die alten Hindus und Perser; sie erkannten wenigstens ein Urwesen oder eine Weltseele (Atma) an, die alles nach einem Urbilde, einer ewigen Idee, geschaffen habe, und sich dadurch offenbaren wolle. Unsere neueren Materialisten stehen weit unter ihnen, obgleich sie sich auf die Schultern der französischen Materialisten des vorigen Jahrhunderts, der sogenannten Encyklopädisten: Bayle, Diderot, Malebranche, d'Alembert, Helvetius, Voltaire ꝛc., gestellt haben, welche ihrem materialist-empyrischen System einen kurzen, aber traurigen Sieg erkämpften. La Mettrie z. B. leitet in seinem „l'homme machine" und „l'homme plante" alle Seelen- thätigkeit aus den Schwingungen der Gehirn- und Mark-Snbstanz und des Aethers ab, und erklärt, der Mensch sei eine Maschine, die sich selbst aufzieht und selbst bewegt, oder eine vegetirende, mit Empfindung und Ortsbeweglichkeit begabte Pflanze, und verfalle bei seinem Tode dem Staube und den Würmern. — Sie sehen, daß es nichts so Thö- richtes giebt, „was nicht einmal ein sogenannter Philosoph der älteren oder neueren Zeit behauptet hat"; und diese Erfahrung sollte uns schon Mißtrauen gegen die Behauptungen unserer jetzigen Materialisten ein- flößen. — Doch, ob alt oder neu, darauf kommt es weniger an, als auf die Gründe der Materialisten, und wir wollen diese nun etwas näher beleuchten.

Zuvörderst muß es Jedem bald einleuchten, daß die Beweisführung derselben zum Theil wunderlich und unlogisch ist, denn sie bewegt sich in ewigen Zirkeln. Es existirt kein Gott, warum? weil die Welt nicht zweckmäßig eingerichtet ist. Die Welt ist nicht zweckmäßig, warum? weil es keinen allweisen Schöpfer, sondern nur einen zufälligen Atomen- Wirbel giebt. Der Mensch hat weder Denk- noch Willensfreiheit, warum? weil die Seele nichts Selbstständiges ist, sondern vom Stoff-

---

*) Andere Philosophen forschten nach einem Urstoff, der bald das Feuer (nach Heraklit), bald das Wasser (Thales), bald alle vier Elemente (Empedokles) sein sollte. Andere hielten es wie die Hindus mit dem großen Welt-Ei, aus dem sie alles sich entwickeln lassen. Die persische Zend-Lehre läßt Menschen und Thiere aus dem Urstier entstehen; andere aus dem Schlamme durch die bärübende und belebende Sonnenwärme oder von afrikanischen Affen ꝛc. — Cicero erklärt nach seiner Darstellung dieser Lehren ehrlich, daß kein System mit dem andern übereinstimme: also der Mensch an sich und durch sich vom Urgrunde aller Dinge wenig wisse.

wechsel im Gehirn abhängt. Die Seele ist nicht selbstständig, warum? weil sie sonst nicht vom Stoffwechsel abhinge und eine Willensfreiheit haben müßte. Andere Aussprüche sind leere Behauptungen ohne allen Beweis, z. B.: die Atome sind ewig; aber woher wir das wissen, sagt Büchner nicht, wohl aber erklärt er sehr naiv, daß wir uns keinen Begriff von ewig machen können; (er hätte auch von Allgegenwart dasselbe sagen können, denn der Mensch, an Zeit und Raum gebunden, kann bei den Schranken seiner Vernunft zwar begreifen, daß Gott ewig und allgegenwärtig sei, nicht aber das Wie? daß er die Welt erschaffen habe und regiere, nicht aber wie? [Hebr. 11, 3]). — Bei dem Atomen-Wirbel ist der blinde Zufall nicht zu umgehen, d. h. eine Wirkung ohne Absicht und Ursache aber in mundo non datur casus und deshalb wird behauptet, daß Welt und Mensch überall keinen Zweck habe, daß Seele und Gehirn gleich, daß Denken eine bloße Hirn= bewegung sei u. dgl.; der Grund ist hier aber eine Voraussetzung, welche erst bewiesen werden müßte! Der Materialist behauptet dagegen, daß er sehr wissenschaftlich verfahre, wenn er keinen Urheber der Welt an= nehme, der über dieselbe erhaben und von ihr verschieden sei. Die Logik, sagt er, verlange, daß wir von natürlichen Wirkungen die Ur= sache in der Natur, und nicht außer ihr suchen müssen, weil sonst ein Sprung in ein fremdes Gebiet (eine Metabasis rc.) gemacht werde.

Wir wollen diesen Einwurf als richtig annehmen, und die Theologie hat dies bereits gethan; denn sie ist im wissenschaftlichen Streben wahr= lich nicht zurückgeblieben, wie Mancher vielleicht meint, welcher die Fibel besser kennt als die Bibel. Sie hat die ältere Ansicht, welche den Ursprung der Religion aus der Naturbetrachtung abzuleiten und von einer Naturreligion als Vorstufe der geoffenbarten zu reden pflegte, aufgegeben; sie erkennt die Natur nicht als Grund, als Prinzip der Religion an, wohl aber in zweiter Stelle als zweckmäßiges Erweckungs= mittel der religiösen Ideen; sie hat erkannt, daß die Idee eines absolut vollkommen, unendlichen, unbeschränkten, heiligen, allweisen Gottes, die Idee einer Ewigkeit und Unsterblichkeit rc. rc. nicht aus der Betrachtung der Natur entsprungen sein kann, wo Alles vergänglich, beschränkt und nur relativ vollkommen ist; daß also jene angebornen, religiösen Ideen in uns ihren Ursprung anderswoher haben müssen, also über die Natur, supra naturam, hinausreichen, daß aber die Betrachtung der Natur wesentlich zur Belebung und Verdeutlichung derselben diene, wie sie ja auch bei methodischem Unterricht zur Uebung und Weckung — nicht zum Anerschaffen des Verstandes, benutzt werden kann. — Sie sehen

m. H., dem Materialiſten kommt ſeine vermeintliche Wiſſenſchaftlichkeit in dieſer Beziehung gar nicht zu Gute, ſondern führt geradezu auf den Punkt, den er gerne vermeiden will. Die Theologie geht darin viel wiſſenſchaftlicher zu Werke: denn der Geiſt des Menſchen kann, ſobald er zum Bewußtſein kommt und auf die Welt mit ihren tauſendfachen wundervoll gebildeten Geſchöpfen hinblickt, die Frage: Woher dies Alles? nicht von ſich abweiſen; er forſcht nach dem letzten Grunde der Dinge, und die wahre Wiſſenſchaft geht von einer obern, leitenden Idee aus und führt Alles darauf zurück. Dieſen Urgrund aller Dinge fand die ältere Naturforſchung, wie die Bibel, in Gott, „der die Welt gemacht hat, und Alles, was darinnen iſt, deſſen Ehre die Himmel erzählen, der alle Dinge trägt mit ſeinem kräftigen Worte, und den Menſchen ge= ſchaffen hat zu ſeinem Bilde" — und Brönner („Naturforſchung") zeigt z. B. nach, daß das Ergebniß der Naturforſchung auf ganz unpar= theiiſchem, ja zum Theil gegneriſchem Wege ſechs Entwicklungsperioden der Erde phyſikaliſch feſtſtelle und die ſo oft bezweifelte bibliſche Schöpfungs= geſchichte faſt in allen Theilen auf eine merkwürdige Weiſe beſtätige.

Dem Materialismus iſt dieſe Verkündigung nicht gelegen; er be= hauptet, in der Natur liege die ſchaffende Urſache der Dinge; überſieht aber, daß die Natur ja ſelbſt eine Wirkung iſt, von der die Urſache geſucht wird. Er ſagt, die todte, bewußtloſe Materie ſei der Grund des lebendigen Beſtehens; allein eine veränderliche, vergängliche Materie und eine Urſache ſchließen ſich gegenſeitig aus. Die Materie übt ihre Thätigkeit allerdings nur durch Bewegung aus, aber jede Bewegung, und wäre ſie ein bloßer Tanz der Atome, iſt ſelbſt eine Wirkung; denn es giebt keine Bewegung ohne eine bewegende Urkraft. Um dieſem Dilemma zu entgehen, wie einer geiſtigen bewegenden Urſache in Gott, macht der Materialiſt einen salto mortale, und nimmt ſtatt eines le= bendigen, heiligen, allwiſſenden Gottes lieber eine bewußtlos und will= kürlich von Ewigkeit her bewegte Materie an, welche der Grund nicht allein der lebloſen Dinge, ſondern auch des organiſchen Lebens ſein ſoll und muthet uns, wie ſehr er ſonſt gegen blinden Glauben predigt, einen Köhlerglauben an ſolche Vorausſetzungen zu, ſagt uns aber nicht, wie die beſchränkte, veränderliche Materie von Ewigkeit her ſein könne. Er weiſet nun zwar hin auf eine neuentdeckte Thatſache, auf den Prozeß der Zellenbildungen, die einen Zuſammenhang zwiſchen dem vegeta= biliſchen und animalen Leben verrathe, welche man ſonſt zu trennen ge= wohnt war, und von dieſem wieder auf Sauer= und Waſſerſtoff, Schwefel und Phosphor, als den Elementen aller Dinge. *) Sind wir damit klüger? Immer bleibt die Frage unerörtert: Woher haben jene Atome und Elemente ihr Dasein, welche Kraft bildet' die Zellen aus ihrer structurlosen Substanz? Sie ist nicht gelöset, sondern nur zurückgeschoben, wie bei den alten indischen Philosophen, welche auf die Frage: Worauf steht die Welt? antworteten: auf einem Elephanten. Und der Elephant? auf einer Schildkröte. Und die Schildkröte? auf einem Krokodil u. s. w. Denn welche Materie oder Atome wir auch annehmen zur Bildung eines Steins oder eines Planeten, eines Wurms oder eines Menschen, sie müssen immer von einer Urkraft ausgegangen sein; und in welche Vergangenheit wir auch ihre Bildung zurückversetzen — so bleibt immer die Frage nach der Grundursache.

Mögen die französischen Astronomen, bestärkt in ihrem Materialismus durch den Schwindel der ersten Revolution, am Himmel und dessen wundervollen Ordnung keinen Gott erkennen; mag z. B. la Place auf die Frage Napoleons, warum er in seiner „himmlischen Mechanik" nie von Gott rede? antworten: er bedürfe dieser Hypothese nicht; mag la Lande

---

*) Liebig erklärt sich gegen die „materialistischen Spaziergänger an den Grenzen der Wissenschaft, welche die Glocken läuten hören, aber nicht wissen, wo diese hängen," dahin: Die Pflanze lebt von Luft und Wasser, sie assimilirt sich die ihr zugehörigen Elemente; doch scheidet sie die andern wieder aus, wie vom Wasser den Sauerstoff, während die Thiere dieses Sauerstoffes zur Oxydirung des Blutes bedürfen. Das Leben der Pflanzen besteht im Aufbauen, im Concentriren ihrer Elemente; der Organismus der Thiere dagegen im Auseinanderfallen, im Beherrschen dieser verschiedenen Elemente. Das Pflanzenleben ist ein Gewährenlassen der chemischen Urstoffe, das Thierleben ein beständiger Kampf, eine Ueberwindung, Benutzung und Zerstörung derselben. Die Wissenschaft kann nur analysiren, d. h. die Körper in ihre Elemente zerlegen; aber sie kann nicht einmal die Anordnung dieser Elemente erkennen, und auf dieser, nicht auf den Stoffen selbst, beruht die Wesenheit der Dinge. Dieselben drei Elemente: Kohlen-, Sauer- und Wasserstoff, und zwar in gleichem Gewichte, bilden sowohl Milchzucker, als Sauerkraut und Baumwolle; die Ursache ihrer Verschiedenheit ist also nur die innere Anordnung — aber zur Erkenntniß dieser ist jede Analyse vergeblich! Erhellt schon daraus, daß ein blos zufälliges Zusammentreffen diese Stoffe unmöglich jemals habe bilden können, so ist eine solche Behauptung für die Entstehung der höhern organischen Wesen vollständig sinnlos. Alle Stoffe ohne Ausnahme sind nur Diener und Werkzeuge der Ideen. Unsere Sinne erkennen zwar den Urheber an seinen Werken; aber seine Hand und seine Mittel blieben uns verborgen. Zur Cohäsions- und Krystallisationskraft, zur Wärme der chemischen Stoffe kommt noch die organische: die Lebenskraft ꝛc.

dem Papſt Pius VI. erklären: Ich habe den Himmel überall erforſcht und keine Spur von Gott gefunden — (was natürlich auch einem Millionenmal vergrößernden Sehrohr ebenſo unmöglich ſein muß, als wenn der Anatom durch daſſelbe die Seele im Gehirn ſucht): — ſo haben doch die größten Naturforſcher, Kopernikus und Keppler, Newton und Haller, Kant, Liebig, Humboldt u. a., ſich von dem Himmel die Ehre Gottes erzählen laſſen. Mögen Büchner, Vogt ꝛc. Gott aus der Natur wegleugnen, ſo begreifen wir doch nur die Natur, wenn wir er= kennen, daß die ſichtbare Welt ſich an eine unſichtbare anſchließt, daß ſie nichts durch ſich Beſtehendes, Ewiges, ſondern etwas durch die höchſte Kraft, die höchſte Liebe und die höchſte Weisheit, durch Gott, Er= ſchaffenes iſt, „der die Welt regiert nach ſeinem heiligen Willen und die Erde zum Wohnplatz und zum Wirkungskreis der Menſchen während ihres irdiſchen Daſeins beſtimmt hat‟. Nur dann gelangt die Natur= forſchung zu einem befriedigenden Ziele, wenn ſie die Beziehung der Schöpfung zum Schöpfer feſthält, und aus dem Zweck die Mittel erklärt, denn hier findet ſich der Schlüſſel zu allen Naturgeheimniſſen. Mag der Materialiſt die Zweckmäßigkeit der Welt läugnen, obgleich jede Pflanze und jedes Thier (die alles im Innern und Aeußern haben, was zu ihrem Beſtehen dient), uns des Schöpfers Herrlichkeit predigt, ob= gleich das Licht zum Auge, die Luft zu den Lungen, der Schall zum Ohre paßt, und Tag und Nacht, die Jahreszeiten und Himmelskörper in der regelmäßigſten Ordnung wechſeln; mag er behaupten, daß die (doch nur relative) Unvollkommenheit der Welt nicht mit dem Glauben an einen vollkommenen Schöpfer übereinſtimmen: wir laſſen uns da= durch nicht täuſchen, ſondern fragen: Was heißt und bedeutet dieſe Unvollkommenheit? Eine abſolute Vollkommenheit iſt allein in Gott; Alles, was außer ihm iſt, hat nur relative Vollkommenheit, und mußte es haben. Eine Vollkommenheit, die den höchſten Grad des Zweck= mäßigen, Guten, Schönen in ſich ſchlöſſe, müßte nothwendig einen Stillſtand hervorbringen; Stillſtand aber iſt Tod oder Rückgang und iſt ſowohl der ewigen Liebe als der ewigen Weisheit und Macht un= würdig. — Dieſe Erde mußte als Wohnplatz für Menſchen der Ver= vollkommnung fähig und bedürftig ſein, um das zu ſein, was ſie in ihrer Unvollkommenheit oder relativen Vollkommenheit iſt: ein Ent= wickelungsplatz für den Menſchen; denn Fortſchritt und Vervollkommnung iſt nur möglich bei ſolcher Unvollkommenheit. Darum kann eine Welt ohne Gott, ein Spiel des Zufalls — dieſer troſtloſe Glaube! — weder dem Geiste, noch dem Herzen, noch den höchsten Bedürfnissen des Menschen genügen; er muß ihn mit Abscheu zurückweisen. *)

Wie den Glauben an Gott, so verläugnet der Materialist auch die Würde des Menschen: also die beiden biblischen Grundanschauungen, daß ein lebendiger Gott und die Menschen göttlichen Geschlechts seien, welche Gottes Ebenbild an sich tragen. „Der Mensch (erklärt er) ist in seinem körperlichen Sein und geistigen Leben nichts als ein Werk der Atomen-Bewegung, ein Produkt des Stoffwechsels, der Nahrung ꝛc. indem diese hier zu Gestein-, dort zu Pflanzen-, hier zu Thier-, dort zu Menschengebilden sich zufällig durch physische und chemische Kraft ver= einigten.“ — Damit wird aber Alles, was den Menschen über das Thier erhebt, in den Staub getreten und von menschlicher Würde, vom Bilde Gottes ist nicht mehr die Rede. Fragt man indeß: Wie können diese leb= und vernunftlosen Kräfte so große Dinge thun? so erhält man entweder gar keine oder die alberne Antwort: Die Atome begegnen einander, haben Gefallen an einander, ziehen sich an, und — hier wird ein Stein daraus, dort ein Salz, hier ein Bandwurm, dort ein Elephant, hier ein Affe, dort ein Mensch. Wenn aber jene Atome in ihrer Bewegung wirklich so große Dinge thun: warum schaffen sie, die doch stets im unaufhörlichen Wirbel kreisen, nicht bei ihrem zufälligen Zusammenhalten jetzt noch neue Thier- und Menschengattungen? Den früheren Wahn, daß aus dem Kehricht sich Flöhe und anderes Ungeziefer von selbst erzeugen, hat die neuere Forschung (Liebig) in seiner Un= haltbarkeit dargestellt, und nachgewiesen, daß aus Phosphor, Kalk, Wasser, Ammoniak, Kohlensäure, welche Bestandtheile thierischer Körper sind, sich keine einzige organische Zelle herstellen lasse, also noch weniger der Mensch jemals daraus entstanden sein könne. Zwar lassen sich Hühner und Fische aus ihren Eiern durch künstliche Wärme aus= brüten; sind sie aber dann neu geschaffen? Das Embryo lag im Ei, und wir entwickeln nur — das Vorhandene.

Allerdings hat die Nahrung bedeutenden Einfluß auf thierische Körper. Die eingesperrt genudelte Gans wird fast zum Fettklumpen, der kaum noch gehen kann, das Schwein eine Speckseite, das Schaaf fast ganz Vließ; aber alle übrigen Theile bleiben klein und schwach. Es findet blos eine Fettanhäufung statt — im Uebrigen tritt keine wesentliche Veränderung ein. Ein eben geborner Pudel und ein Wind=

---

*) Vergl. Jean Paul's »Rede des todten Christus vom Weltgebäude herab, daß kein Gott sei.«

hund, auf gleichem Lager und bei gleicher Nahrung großgezogen, werden immer Pudel und Windhund bleiben. Und wenn man die Jungen eines Spitzhundes auf verschiedenem Lager, bei verschiedener Kost und Behandlung anzieht, so werden sie trotz des verschiedenen Stoffes und chemischen Processes immer zu Spitzhunden heranwachsen. — Sind ferner Menschen und Thiere, nach materialistischer Ansicht, nur höhere Gebilde des Stoffes, der in uns wechselt: warum entwickeln sich nicht jetzt noch die Affen zu Menschen? warum machen nicht unsere Natur‐ forscher aus Phosphor, Kohlensäure ꝛc. lebendige Wesen? warum ver‐ wandeln sie nicht Stein in Brot, und Brot in Fleisch? dann hätten sie doch nicht blos ein Brot, sondern auch eine Fleischwissenschaft!

Macht der Stoff den Geist, und schafft die feinste Nahrung auch die feinsten Gedanken und die edelsten Seelen: dann müßten unsere Schwelger und Schlemmer, unsere Leckermäuler und Gourmands ja die edelsten und geistreichsten Menschen sein; dann wären unsere Köche und Köchinnen die wahren Menschenbildner, und Wilken's Keller in Hamburg und Auerbach's Keller in Leipzig die wahren Hochschulen der Menschen‐ veredlung; dann könnten die Söhne und Töchter der Fürsten und Edel‐ leute mit Recht behaupten, daß sie von Natur edler organisirt sein müßten, als die Kinder der Bürger und Bauern, weil sie von Jugend auf mit feinern Speisen geätzet worden. Und doch sind die größten Gelehrten, die edelsten Männer, die größten Wohlthäter der Menschheit vielfach aus den untern Ständen hervorgegangen, und unsere Luther und Keppler, Kant und Schiller, wie die gesammte Schulmeisterschaft, haben wohl mit indischen Vogelnestern und Straßburger Gänseleber‐ pasteten, mit Ananas und Hummer‐Ragout wenig Bekanntschaft gemacht. Wäre der Geist von solchem Stoff abhängig, so hätte Mad. Necker in Paris sich ohne Grund darüber verwundert, daß die philosophischen Freunde, welche sich häufig an ihrem Tische einfanden, so große Verehrer einer leckern Mahlzeit waren; sie hätte den Grund in dem natürlichen Verlangen finden müssen, Geist aus der Schüssel zu holen; dann hätte Diderot's dreizehnjährige Tochter auf die Frage: Comment fait-on de l'esprit? vollkommen Recht gehabt, als sie nach den materialistischen Ansichten ihres Vaters antwortete: C'est tout simple — en mangeant! Fast scheint man in unserer Zeit denselben Grundsätzen zu huldigen, wenn nicht aus Philosophie doch aus Gaumenlust, weil man Kinder häufig an allerlei Schmausereien und Schlemmereien der Erwachsenen Antheil nehmen läßt, ihnen den Genuß einer Leckerei mit Begeisterung schildert und das Vergnügen einer großen Gesellschaft nach der Zahl

der Gerichte beurtheilt. Die Folgen davon sind aber leider nicht Lern-
luft und Pflichtgefühl, nicht Weisheit und Tugend, sondern Schwäche
des Körper, Mattigkeit und Abgestumpftheit des Geistes.

Bedingen Brot und Fleisch, Luft und Boden das geistige wie
das leibliche Leben des Menschen: warum haben die Kinder derselben
Aeltern, welche dieselbe Luft athmen, dieselben Nahrungsmittel genießen,
denselben Boden bewohnen, nicht auch dieselben edlen und großen —
oder dieselben dummen und schlechten Gedanken? warum schickt man
das dumme Kind denn nicht in die Küche statt in die Schule; warum
nicht den Idioten in die Restauration statt in's Irrenhaus, und warum
sucht man nicht den Spitzbuben durch Mockturtle-Ragout und Madeira
zu einem besseren Menschen zu machen, statt ihm bei Wasser und Brot
in's Zuchthaus zu sperren?

Sehr treffend persiflirt diese materialistische Ansicht Mantes in
„seinem Goethe im Fegfeuer", wenn er Heidelberger Studenten singen läßt:

„Das Wasser giebt dem Ochsen Kraft,
dem Menschen Bier die Wissenschaft;
denn Kraft und Stoff, und Stoff und Kraft
uns unverhofft Gedanken schafft.

(und weiterhin:) Bedürft ihr Kraft, greift zu dem Stoff:
da wird man erst recht Philosoph!" *)

„Der Geist des Menschen soll ferner. an das Gehirn gebunden,
mit ihm identisch, und dieses nicht das Organ, sondern Geist und
Seele selbst, die geistigen Kräfte mithin nichts als entwickelte Gehirntheile sein, deren Verrichtungen mit dem Aufhören des Stoffwechsels
im Gehirn ein Ende nehmen." Um diese Behauptung zu beweisen,
zeigt man darauf hin, daß eine Zerrüttung der Gehirnmasse durch Fall,
Krankheit, Verwundung zc. den Weisen zum Narren machen kann; daß
ferner im Alter die größten Denker oft schwach, gedankenlos und kindisch
werden, und folgert daraus nicht nur ein Abgenutztsein, ein Absterben
des Gehirns, sondern auch die Unmöglichkeit einer persönlichen Unsterblichkeit. Wir räumen jene Erfahrung ein, müssen aber gegen die
Folgerung ernsten Protest einlegen.

Gesetzt, ein Tonkünstler, z. B. Paganini, habe auf seinem Instrument jahrelang mit Glanz gespielt, dieses aber ist endlich durch
Alter, Fall oder dgl. rissig und schadhaft geworden — werden wir uns
dann wundern, daß er ihm nicht mehr die früher so wohlklingenden

---

*) Bier heißt in der Studentensprache auch Stoff, wodurch der Spott noch
bezeichnender wird.

Töne entlocken kann, oder wohl gar glauben, daß der Künstler seine Kunstfertigkeit eingebüßt habe? Wie kann es uns denn Wunder nehmen, daß die Seele des Greises nicht mehr durch seinen baufälligen Körper so gut wie früher wirken kann? — Zeugt es dagegen nicht von der Macht des Geistes über den Leib, wenn in dem 90jährigen Arndt oder Humboldt u. v. a. der kräftige Geist den alternden Körper noch rüstig erhält? Wenn man von dem launischen Menschen, der von körperlicher Stimmung zu abhängig ist, verlangt, daß er durch Aus= bildung des sittlichen Willens Herr über seine körperlichen Gefühle werde? Zeigen nicht Hunderte von Beispielen auf diesen mächtigen Einfluß hin? Eine gedrückte Geistesstimmung durch Unglück oder böses Gewissen macht den Menschen blaß, mager, kraftlos; Furcht vor Ansteckung macht oft krank; erregte Einbildungskraft bewirkt Heilungen, z. B. bei sympa= thetischen Curen; heftiger Zorn oder Aerger der Mutter macht ihre Milch den Kindern gefährlich; Angst giebt Riesenstärke, Schreck bringt oft Tod. — Und wie uns Greise in geistiger Frische begegnen, so auch schwächliche und dabei geistig frühreife Kinder; Kranke zeigen oft die größte Seelenthätigkeit bei bedeutender Schwäche oder bei Schmerzen des Leibes; Sterbende beweisen nicht selten in ihren letzten Augenblicken eine Klarheit der Vorstellungen, eine Ruhe der Seele, eine Freudigkeit des Gemüthes, welche in Erstaunen setzt und den Beweis liefert, daß die geistige Thätigkeit nicht an die körperliche Organisation gebunden ist.

Wäre eine solche Identität der Seele und des Gehirns wirklich vorhanden (so fragen wir weiter): woher kommt es denn, daß es Menschen von stark ausgeprägten Störungen des Seelenlebens giebt, ohne daß sich bei Untersuchung ihres Gehirns nach dem Tode eine entsprechende Schwächung oder Vernichtung desselben vorfindet; daß bei vielen Leichen eine regelwidrige Gehirnbildung bemerkt wird, welche in ihrem Leben nie an Geistesstörungen litten; daß Kinder mit Wasser= köpfen oft klug und witzig scheinen; daß Menschen, welche jahrelang in vollem Wahnsinn zubrachten, kurz vor ihrem Ende wieder zu vollem Verstande und klarem Bewußtsein gelangten, während ihre Gehirntheile in mangelhafter Beschaffenheit verblieben? — Ist Seele und Körper, Geist und Gehirn mit seinen Nerven Eins, so müßte dieser durch reges Denken, Wollen und Empfinden sich ebenso, wie die Muskeln des Arms durch Arbeit, vergrößern, oder wenn einzelne Glieder, ja beträchtliche Theile des Körpers durch Schuß, Hieb oder Amputation vom Körper getrennt werden, eine Abnahme der Geisteskraft erfolgen; allein Nelson, welcher Auge und Arm — und Josias v. Ranzau, welcher „von allen

Gliedern, welche der Mensch doppelt hat, eins auf Schlachtfeldern eingebüßt hatte", verspürten davon nichts. — Kleine verwachsene Personen
sind oft scharfe Denker und besitzen eine unbeugsame Willenskraft;
Frauen kommen ungeachtet ihres zarteren Körperbaues an Bildungsfähigkeit
und persönlichen Muth den Männern gleich, übertreffen diese oft, wie
Marie Antoinette den König Ludwig 2c. — Wären Geist und Gehirn
Eins, so müßte die Erforschung des letzteren auch die Erkenntniß des
ersteren zur Folge haben. Welche Mühe aber auch unsere Naturforscher
sich gegeben haben, das Gehirn in seinen feinsten Theilen auseinander
zu legen, die einzelnen Fasern, Zellen, Gefäße 2c. zu untersuchen (wie
das Gehirn- und Nerven-Präparat im Berliner anatomischen Museum
zeigt, woran der Professor Walther 20 Jahre lang gearbeitet hat):
so haben sie doch mit dem schärfsten Secirmesser und der feinsten Lupe
keine Spur eines (materiellen) Geistes, keinen Zipfel der Seele entdeckt,
ja nicht einmal einen constanten, wesentlichen Unterschied zwischen der
Gehirnbeschaffenheit des größten Denkers und der eines Idioten. Selbst
für die Kenntniß der natürlichen Gehirnthätigkeit in Bezug auf
Sinne und Glieder reicht eine solche Untersuchung nicht aus — denn
hat man z. B. in jenem Präparate das Gehirn in seiner Thätigkeit
vor sich? Nein! nur die Räder der Maschine sieht man, weiß aber
nicht, wo die eigentliche Triebkraft, das punctum saliens, verborgen
ist. Hat der Anatom, wenn er das zerlegende Messer führt, den
wundervollen Leib in seiner lebendigen Wirksamkeit unter Händen?
Nein! nur einen abschreckenden Cadaver, eine todte Maschine. Wenn
nun jemand ein Klavier oder eine Orgel auch in die kleinsten Theile
zerlegte und nun meinte, dadurch zur Kenntniß der Musik im Allgemeinen
oder auch nur zur Kenntniß der Töne zu gelangen, welche dies Instrument
hervorbringt: würde man nicht darüber lächeln? Ebenso thöricht ist
es auch, wenn der Materialist uns einen Sectionsbericht über das
Gehirn abstattet und ihn für das Resultat von Untersuchungen über
den Geist ausgiebt; oder weil er diesen nicht im Gehirn, wie Gott
nicht in der Natur, mit den Augen und mit den Händen fassen kann,
das Dasein Beider leugnet. *)

---

*) Die materialistischen Ansichten Schallers, Büchners, Vogts, Feuerbachs, Mo-
leschotts u. a. sind von den bedeutendsten Naturforschern unserer Zeit als
Dilettantenversuche verworfen worden; aber diese Leute und ihre blinden Nach-
sprecher haben sich in ihren Kreisen festgebannt und nehmen keine Gründe an.
Moleschott leitet das Denken von dem Phosphor im Gehirn ab; jedoch der
größte Chemiker unserer Zeit, Liebig, erklärt (hamb. Correspondent 1856,

Wäre endlich das Denken nichts anders als ein Vibriren des Nerven- und Gehirnmarks, ein materieller Gehirn-Act, so müßte doch jeder Denkende vor Allem seines Gehirns, seiner Nerven und deren Verrichtungen sich bewußt sein; aber Tausende von Menschen mit kräftigem Selbstbewußtsein denken und haben gedacht, ohne von dem Dasein und der Beschaffenheit des Gehirns, des Rückenmarks und der Zirbeldrüse (wo *) mancher die Seele sucht) irgend eine Kenntniß zu haben. Die Sinnesorgane sind es freilich, welche die sinnlichen Eindrücke aufnehmen und fortleiten; aber das Geheimniß der sinnlichen Wahrnehmung liegt offenbar nicht in den Sinnen, sondern in dem Mittelpunkte, dem Geiste, welchem die Nerven jene Eindrücke zuführen und überliefern (wie der Telegraphendraht die Worte nach einer fernen Station leitet) und wo der Mensch sich jedes äußern Eindrucks erst bewußt wird. Erst durch die Rückwirkung unsers Geistes auf die empfangenen Sinnes-Eindrücke entsteht eine Vorstellung, und erst diese, nicht jene äußern Eindrücke allein, unterrichtet uns von dem wahren Verhältniß der Außenwelt zu unserm Ich. Fehlt diese freie Rückwirkung des Geistes, die wir auch wohl Aufmerksamkeit nennen, wird sie durch Krankheit gehemmt oder durch Zerstreutheit, durch Hinrichtung unserer Gedanken auf andere Dinge abgelenkt: so können alle äußern Bedingungen zur Reizung der Sinnesthätigkeit vorhanden sein, und es wird in uns kein entsprechender Eindruck erfolgen. **) So überhörte Archimedes, in seinen Berechnungen vertieft, das Triumphgeschrei der Syrakus erstürmenden

No. 25): Leider ist im Gehirn nicht Phosphor, sondern nur Phosphorsäure, welche keineswegs die Eigenschaft des Phosphorisirens oder Leuchtens (also des Denkens à la Moleschott) hat. — Unsere Knochen haben 400mal mehr Phosphor; sie müßten also die klügsten Gedanken besitzen! — Andere suchen sich dadurch zu helfen, daß sie annehmen: das organische Leben sei ewig gewesen; während doch die Geologie nachweist, daß die Erde einst sich in einem chaotischen Zustande befunden habe, unter dem Einflusse der Feuer- und Wasserkräfte, die jedes organische Leben zerstören mußten. (Vergl. Arnold, Pfaff, Böhner u. a.)

*) z B. Cartesius und der französische Gelehrte Brossette, der seiner gestorbenen Frau die Zirbeldrüse herausnehmen und in die Kapsel eines Ringes fassen ließ. — Hatte er nun etwa ihre Seele an seinem Finger?

**) Kann denn das Auge für sich sehen, das Ohr für sich hören? Kein Sinn thut etwas für sich, sondern nur als Werkzeug des Geistes. Wie die Muskeln des Athleten durch Uebung erstarken, so auch alle Werkzeuge des Geistes; je vollkommener die Werkzeuge, desto nachhaltiger die Wirkungen, welche der Geist damit erzielen kann. (Liebig)

Römer, das Wehgeschrei seiner Mitbürger, den Eintritt des feindlichen Soldaten in seine Stube; so gehen wir, in Gedanken versunken, an unserm besten Freunde fremd vorüber, oder übersehen, durch ein außerordentliches Ereigniß aufgeregt, den Abgrund vor unsern Füßen. Es muß also doch wohl eine den Körper belebende, jedoch von ihm verschiedene Seele, eine selbstständige Kraft in uns vorhanden sein, die den Körper als ihr Werkzeug benutzt, mit der Sinneswahrnehmung in Wechselwirkung steht, sie auffaßt, mit andern Vorstellungen vergleicht, allgemeine Begriffe und Urtheile daraus bildet und Schlüsse daraus zieht.

Wie der Materialist Gott und die Vernunft leugnet, so leugnet er auch die Willensfreiheit des Menschen, und das eben vermehrt das Gefährliche der materialistischen Sätze. „Der freie Wille des Menschen (behaupten Büchner und Consorten) existirt nicht; das Gewissen ist ein Phantom; alles Wollen und Thun ist der nothwendige Ausdruck eines durch äußere Verhältnisse und Einwirkungen bedingten Zustandes unsers Gehirns, eine nothwendige, bestimmte Folge aller dieser Umstände." — Die Annahme dieser Meinungen würde aber die praktische Folge haben, alle Sittlichkeit aufzuheben und allen Menschenwerth zu zerstören! Denn ist unser Wille nicht frei, so giebt es keine Tugend, keine Sünde, keine Schuld, keine Zurechnungsfähigkeit, keine rechtmäßige Strafe; — „Himmel und Hölle werde nicht mehr sein!" — Gutes und Böses ist dann ein nothwendiges Resultat unserer Naturbeschaffenheit wie der Verhältnisse; Selbst- und Genußsucht sind die Triebfedern aller Bestrebungen des Menschen, d. h. die sogenannte Vernunft und Freiheit befähigen ihn nur, „thierischer als jedes Thier zu sein"!

Wir wollen indeß diese Behauptung, welcher der Materialist freilich für seine Stoffwechsellehre bedarf, kurz beleuchten und fragen daher zunächst: Wenn die Willensfreiheit eine bloße Eigenschaft unsers Organismus und der äußern Umstände ist, wie kommt es denn, daß der Mensch in hundert Fällen eine völlige Unabhängigkeit von äußeren Verhältnissen an den Tag zu legen vermag; daß der „brave Mann", der fromme Christ, begeistert von der höhern Idee der Wahrheit, des Rechtes, der Sittlichkeit, gehoben durch den Gedanken an Gott und Pflicht, an Ewigkeit und Bestimmung, an Vaterland und Freundschaft, an Weib und Kind sich in Gefahr, Marter und Tod zu stürzen, und den verführerischsten Lockungen ein kräftiges: „Ich will nicht!" entgegenzustellen vermag; daß er unter Schmerz und Qual, wie Stephanus unter seiner Mörder Steinen, wie Huß auf dem Scheiterhaufen getrost und heiter, standhaft und muthig bleiben kann. — Woher kommt es denn, daß ein Regulus, um sein Wort zu halten, ein Paulus und Luther, um der Wahrheit ein Zeugniß abzulegen, dem Tode trotzen konnten; daß Herodes einen Johannes zwar in's Gefängniß werfen und ihm das Haupt abschlagen laffen, aber ihn nicht zum Unrecht zu zwingen vermochte? Zeigt das nicht eine, von äußeren Einflüffen unabhängige Freiheit des menschlichen Willens? Oder wie kommt es, daß das Edle und Sittliche solcher Handlungen von jedem Menschen, sogar von dem ärgsten Bösewicht, gefühlt wird; daß auch der Materialist, so sehr er in seinem System befangen sein mag, es schwerlich als etwas Nothwendiges oder nur Entschuldbares betrachten wird, wenn ein Schurke ihn auf hinterliftiger Weise um Ehre und Vermögen bringt, ein Verräther ihn unter dem Zeichen der Freundschaft seinen erbitterten Feinden in die Hände liefert, oder ein Lüftling ihm Weib und Tochter verführt; daß mancher heimliche Verbrecher sich selbst vor dem Richter anklagt, um der Folter in seinem Busen zu entgehen? — Mag Lykurg den spartanischen Knaben erlaubt haben, Speise zu stehlen, und den Jünglingen, Sclaven, die entflohen waren, aufzusuchen und zu tödten: so that er dies nicht, weil er Stehlen und Tödten für erlaubt hielt, sondern um seine jungen Staatsbürger für den Krieg liftig und muthig zu machen; mögen die Südsee-Insulaner auf den ersten europäischen Schiffen, welche zu ihnen kamen, Alles wegzunehmen gesucht haben, was ihnen gefiel, so handelten sie nur wie ganz kleine Kinder, weil der Begriff des Eigenthums bei ihrer Art Gütergemeinschaft nicht erweckt war. Selbst ein Cartouche und Schinderhannes stahlen und raubten nicht, weil sie es für recht hielten, sondern weil sie Genuß suchten ohne Arbeit, weil die sinnlichen Triebe die Anerkennung des Rechts unterdrückten oder weil ihr klügelnder Verstand sich, wie unsere heutigen Communisten, einredete, daß die Reichen ihnen den gebührenden, gleichmäßigen Antheil an den Gütern dieser Welt unrechtmäßig entzogen hätten. — Zeigt das Alles nicht das Vorhandensein einer freien Selbstbeftimmung „der Gedanken, die sich unter einander anklagen oder entschuldigen", eines Sittengesetzes im Innern, eines Gewissens oder Gefühls für Recht und Unrecht, das des Menschen freies Thun, in deffen Beziehung zur Sittlichkeit, beurtheilt und richtet?

Mag der Materialist den Menschen zu einem Thiere, einem jüngern Bruder oder Sohn des Affen, zu einem geist- und willenlosen Werkzeug jedes Luftzuges machen, zu einem Geschöpfe, dem Thorheit oder Weisheit, Sünde oder Tugend von den Aeltern angeerbt oder von der Amme eingetränkt worden; zu einem Thier, das hier ohne Zweck blos für den sinnlichen Genuß lebt, wie ein Thier stirbt und nach seinem Tode nur als Dünger dient, welcher den Stoffwechsel befördert; mögen manche Verbrecher stumpfsinnig und gedankenlos, wie das Vieh zur Schlacht. bank, dem Tode entgegengehen; mag Mirabeau auf seinem Sterbebette, und Danton vor dem Revolutionstribunal scheinbar kaltblütig erklären: „meine Wohnung wird bald das Nichts sein!" — wir finden keine Größe, keinen Muth, sondern Abgestumpftheit, Leichtsinn oder Frechheit darin; vielleicht suchten sie sich selbst zu übertäuben, weil sie jenen dies iræ fürchteten — jenen Tag des Schreckens — „wo furchtbar wird der Richter sitzen, Licht wird ins Verborg'ne blitzen, nichts wird vor der Strafe schützen!" *)

Müßten wir nicht bei solchem Wahn, dem jede Spur von sittlicher Kraft und Erhebung, von Trost in Noth und Tod fehlt, das vernunft: lose Thier beneiden; nicht die Seelenwanderungslehre der Hindus und Aegypter solcher Wandlung der Menschen-Atome durch alle Gestaltung und ihrer endlichen Auflösung in Moraft weit vorziehen? Hätte dann nicht Franz Moor in Schillers Räubern den Nagel auf dem Kopf ge: troffen, wenn er erklärt: „Der Mensch entsteht aus Moraft, watet eine Zeitlang im Moraft, macht Moraft und gährt wieder zusammen in Moraft, bis er zuletzt an den Schuhsohlen seines Enkels unflätig anklebt. Das ist das Ende vom Liede, der morastige Zirkel der menschlichen Bestimmung, und somit — glückliche Reise, Herr Bruder!" Wahrlich! es macht dem Geiste und Herzen unsers als hochgebildet gepriesenen Jahrhunderts wenig Ehre, daß solche Meinungen ausgeheckt und von verständigen Menschen als Weisheit angenommen werden konnten!

Sind aber Vernunft, Gewissen und freier Wille unläugbar und wirklich in der menschlichen Natur vorhanden, so drängt sich wiederum die Frage auf: Woher? **) Doch nicht aus der Natur, welche diese Kräfte

---

*) »Viele Verbrecher, sagt d. Pitaval III. 3., empfangen gar keinen äußerlich er. kennbaren Eindruck von der sie zu erwartenden Strafe, sie gehen wie das Vieh zur Schlachtbank; Andere sind anscheinend todesmuthig und gehen still hinüber, ihr Muth ist der Muth der Verzweiflung, Viele sind feige und fürchten nicht allein den Tod, sondern auch den letzten Schmerz; die Wenigsten bezeugen wahre Reue!« Zu bewundern ist solcher thierischer Stumpfsinn gewiß nicht!

**) Solche über die Sinnenwelt hinausgehende (metaphysische) Untersuchungen gehören recht eigentlich zu den Bedürfnissen des menschlichen Geistes und be. zeugen: wir sind göttlichen Geschlechtes. Und ist nicht unsere geistige Natur so angelegt, daß sie, wie das Auge das Sonnenlicht aufnimmt, aber nicht macht, wie das Bedürfniß, so auch die Fähigkeit hat, das Göttliche zu ver. nehmen (d. i. die Vernunft)?

selber nicht besißt (also auch nicht geben kann); nicht aus Bohnen und Kartoffeln, welche sie uns zuführt; nicht von Eltern und Lehrern, etwa durch Unterricht und Erziehung, denn die Anlagen zum Denken, Wollen und Empfinden bringen wir schon mit auf die Welt, und die Erziehung kann nur das Vorhandene entwickeln, aber keine Anlage schaffen (wie Uebung zwar das Auge schärft, die Hand und den Fuß entwickelt; aber Auge, Hand und Fuß doch erst da sein müssen); alle Kunst und Lehre wird den Blinden nicht zum Sehen, den Lahmen oder Beinlosen nicht zum Gehen bringen. Es bleibt also, wie sehr der Materialismus sich auch sträuben mag, nichts anders übrig, als in Gott den Schöpfer anzuerkennen, der selbst die höchste Weisheit und den heiligsten, freiesten Willen besißt, der uns, seine Kinder, zu seinem Bilde schuf, uns durch dieses Lebens Prüfungen läutern, erziehen, zu sich erheben und zur ewigen Herrlichkeit führen will, die er in einer höhern Welt bereitet hat Denen, die ihn lieben und seine Gebote halten. Ein Glaube, der Geist und Herz befriedigt!

In und mit diesen Geisteskräften finden wir ferner in uns Ge- danken, Vorstellungen, welche mit der Sinnenwelt, den Sinneneindrücken, dem Atomentanze gar nichts zu thun haben und die uns in ihrem Prinzipe ebenfalls angeboren sind (Ideen). Es giebt keinen Menschen und kein Volk, dem die Idee eines absolut vollkommen, unbeschränkten Gottes und das Gefühl der Abhängigkeit von einer höhern geistigen Welt fehlt. Mag sie im Heidenthum auch in noch so unentwickelter Gestalt erscheinen (denn selbst der Aberglaube beweiset das Dasein des Glaubens, von welchem er nur eine Abirrung ist); mag sie auch durch die Gewalt der Sinnlichkeit und der Leidenschaft unterdrückt sein: selbst der sogenannte Atheist oder Materialist, der aus Dünkel des Verstandes oder Bosheit des Herzens mit dem Munde den Gottesglauben verläugnet, oder lebt, als ob kein Gott sei, glaubt im Innersten seines Gemüthes doch an ihn, wenn auch erst unter den Schlägen des Schicksals, in der Stunde des Todes, wo alles Sinnliche dem Blicke entschwindet, sein Gottes- bewußtsein wieder erwacht; denn der Glaube an Gott gehört so wesentlich zur geistigen Natur des Menschen, daß wir uns ohne ihn eben so wenig einen Menschen denken können, als ohne Vernunft; „selbst die Teufel — sagt Jakobus — glauben an ihn und zittern!"

Es giebt keinen Menschen und kein Volk, dem die Idee der Un- sterblichkeit, eines ewigen Lebens, einer Vergeltung jenseits des Grabes mangelt; mag sie auch in tiefem Schlummer liegen oder in verhüllter Gestalt als Schattenleben in der Unterwelt, als Seelenschlaf oder Seelenwanderung auftreten, oder mag der Sünder den beängstigenden Gedanken an das künftige Gericht sich aus dem Sinn zu schlagen suchen — er ist da, und wird erwachen, wenn auch erst, sobald der Tod ihm nahe tritt. „Der religiöse Gedanke an das Grab und seine Folge, sagt ein berühmter Arzt, macht sich bei jedem Kranken, er liege im Hospital oder Familienbette, heller oder dunkler, bemerkbarer oder unbemerkbarer, friedlich oder beunruhigend gelten; ein religiöser Arzt am Krankenbette wirkt, wenn er auch als Pietist verschrieen wird, (ein Wort, mit welchem der Unglaube jede religiöse Regung belegt), auch durch die Seele heilsam auf den Körper."

Es giebt kein Volk und keinen Menschen, dem die Idee des Guten und Rechten fehlt, des Gewissens, wodurch uns, ohne Reflexion das Wahre und Gute gewiß wird, das aus Gott stammende Organ einer sittlichen Weltordnung, den innern Richter, die tiefe Quelle der Wahrheit und des Pflichtgefühls. Mag der Mensch im Sturm der Leidenschaften oder als Sclave sinnlicher Triebe sich auch oft über Recht und Gerechtigkeit hinaussetzen, Wahrheit und Tugend mit Füßen treten; mag hier erlaubt scheinen, was dort verboten ist: das ewige Gesetz der Sittlichkeit und Tugend hängt nicht von menschlicher Willkür oder zufälliger Uebereinkunft ab. Woher also diese ewigen Wahrheiten? Diese Ideen eines absolut vollkommenen, unbeschränkten, ewigen Gottes, einer vollkommenen Sittlichkeit, wie sie im Christenthum und in der Person Christi, als des Abglanzes der Herrlichkeit Gottes und des Ebenbildes seines Wesens uns zur Klarheit und Anschaulichkeit gekommen sind, können nicht aus der Sinnenwelt, nicht durch Naturbetrachtung entsprungen sein, wo nur Endliches, Beschränktes, Vergängliches sich darbietet: sie sind uns angeboren, und als Erbtheil, als Merkmal, daß wir göttlichen Geschlechtes sind, in diese Welt mitgegeben und bedürfen nur der rechten Entwickelung. (Selbst die Idee eines vollkommenen Menschen, Staates ꝛc. ist nirgends verwirklicht, denn sie geht eben über das Irdische, das Wirkliche und Vorhandene hinaus; sie muß uns aber als Ideal, Musterbild vorschweben, damit wir ihr immer näher zu kommen und uns über die gemeine Wirklichkeit zu erheben suchen.) Sie können ihren Ursprung nur in Gott haben, und der alte Satz des Cartesius findet seine Anwendung: „Ich denke (und habe Ideen), also bin ich, also ist Gott." — Der Materialist nimmt seine Vernunft unter dem Gesetz des Stoffwechsels gefangen; er will keinen Gott, weil er Glaubenslosigkeit will, um seinen Lüsten und Genüssen ungestört nachgehen zu können (bei Vielen liegt die Quelle der materialistischen Weltanschauung in dem Ab-

fall von Gott — wie umgekehrt); er braucht keinen Schöpfer und Re=
gierer der Welt, keinen Vater seiner Kinder, denn er hat ja die Atome;
er braucht keinen Erlöser von Unwissenheit und Sünde, keinen Beistand
Gottes zur Heiligung, keine Vergebung der Sünden, kein ewiges Leben —
denn er ist sich selbst genug: — die Erde und ihre Lust genügen seinen
Wünschen! — Aber furchtbar wird er sich getäuscht finden, wenn die
Stürme des Lebens ihn ergreifen, wenn Versuchungen ihm von allen
Seiten entgegentreten, wenn er verlassen und ohne Haltung am Sarge
theurer Aeltern oder eines geliebten Kindes steht, wenn die Krankheit
ihn auf's Lager wirft und der Tod mit allen seinen Schrecken herannaht. *)
Dann wird er untergehen in Verzweiflung, wie Klopstock's Gottesleugner
auf dem Schlachtfelde: „.... er liegt und sinkt mit gespaltenem Haupte
stumm und gedankenlos unter den Todten und glaubt zu vergehen; dar=
auf erhebt er sich wieder, und ist noch und denkt noch, und fluchet, daß
er noch ist, und spritzt mit bleichen, sterbenden Händen himmelan Blut,
Gott flucht er, wollt' ihn gern noch läugnen." Oder er muß bekennen,
wie Diderot und Heinr. Heine, „daß seine Ansichten über göttliche
Dinge eine große Umwandlung erfahren haben". — „Ich fordere Alle
auf, [sagt Diderot] einen Bericht abzufassen, welcher so einfach und zu=

---

*) Wie häufig treffen wir nicht Menschen an der Bahre eines geliebten Todten
in halber Verzweiflung, klagend, daß es für ein künftiges Leben und eine
künftige Wiedervereinigung keine Gewißheit gäbe. Zeigt man hin auf die
Verheißungen der heil. Schrift, auf deren Wahrheit und Untrüglichkeit als
Gottes Wort, so ist ihnen damit nicht zu helfen, weil ihnen der Glaube daran
abhanden gekommen; sie verlangen Gründe, aber handgreifliche und in die
Augen fallende Gründe wie bei sichtbaren Dingen: diese können aber natürlich
für das Uebersinnliche nicht gegeben werden. Soll ein Verstorbener oder ein
Engel vom Himmel wiederkommen? Aber wie kann er von übersinnlichen
und himmlischen Dingen reden in menschlicher Sprache, welche von irdischen
und sinnlichen Dingen hergenommen ist, und welchen Beweis soll er über
seinen Ursprung beibringen? Käme er in ein Haus, so würde schon der
Nachbar der Erscheinung nicht glauben, sondern ebenfalls einen solchen Ge=
sandten für sich verlangen. Muß auf solches Begehren nicht die Antwort
erfolgen, welche dem reichen Manne im Evangelio zu Theil ward, als er den
Lazarus zu seinen Brüdern gesendet wünschte: »Sie haben Mosen und die
Propheten, ja sie haben viel mehr: sie haben Christum (und die Apostel), der
Leben und unvergängliches Wesen an's Licht gebracht durch sein Evangelium,
laß sie Die hören; hören sie die nicht, so werden sie auch nicht glauben, ob
Jemand von den Todten auferstünde.« — Müssen solche Personen bei ihrer
Halbwisserei und vermeinten Aufklärung nicht manchen einfachen Landmann ꝛc.
beneiden, der bei seinem frommen Glauben geduldig leidet und freudig stirbt?

gleich so erhaben ist, wie der über das Leiden und den Tod Christi, der dieselbe Wirkung hervorbringe und dessen Einfluß nach so vielen Jahrhunderten noch derselbe bleibe!" — „Was ich [erklärt Heine] in meinem Buche „Deutschland" geschrieben, ist falsch und unüberlegt. Wie oft denke ich an den babylonischen König, der der liebe Gott zu sein wähnte und von der Höhe seines Stolzes herabgestürzt wie ein Thier auf der Erde kroch. Ich empfehle diese Geschichte nicht blos dem guten Rnge, sondern auch meinen Freunden Bruno Bauer, Feuerbach, Daumer *) ꝛc. Der Bibel verdanke ich die Wiederkehr meines religiösen Gefühls; sie ist mir seitdem eine Quelle des Heils und ein meiner höchsten Bewunderung würdiges Meisterwerk geworden."

Wie dem Glauben an Gott, wie der höhern menschlichen Natur, so tritt der Materialismus auch der Kirche, dem Familienleben, dem Staate feindselig entgegen. Daß ohne den Glauben an Gott, ohne eine positive Religionslehre keine Kirche bestehen kann, welche ja eben der Inbegriff einer Gesellschaft von Menschen ist, die durch gleiches Bekenntniß ihres Glaubens, wie durch gleiche äußere Darstellung in bestimmter Form der Gottesverehrung die sittlich-religiöse Ausbildung ihrer Mit- glieder befördert, damit diese würdige Bürger des Reiches Gottes (der unsichtbaren Kirche) werden — das liegt auf der Hand. Der Materia- lismus aber erklärt: „Es existirt kein Gott; aller Glaube an Gott ist ein Ergebniß menschlicher Einbildung, Selbstobjectivirung, Selbst- individualisirung des Menschen, d. h. des sich selbst anschauenden und vergötternden Menschen; der außer- und übermenschliche Gott ist nichts anders, als das außer- und übermenschliche Selbst, nämlich eine leere Einbildung! Einen heiligen Geist, der leitend und heiligend auf die Menschheit einwirkt, giebt es außer unserm Verstande und unserer Vernunft nicht (Büchner). Religion ist nichts anders, als ein Trug- gewebe zur Erreichung politischer egoistischer Zwecke, oder ein Ergebniß der Dummheit und Heuchelei zur Verdummung und Niederhaltung des Pöbels (Feuerbach). Furcht und Hoffnung machen die Götter, sagte schon Demokrit, um den Ursprung der Religion zu erklären; er aber, wie die heutigen ihm nachsprechenden Materialisten, übersehen, daß wir doch erst Das kennen müssen, wovor wir uns zu fürchten haben, daß wenn der Pöbel sich durch Religion, durch Furcht vor Gott ꝛc. im Zaum halten lassen soll, er doch erst Glauben an diese Dinge haben müsse; daß also dadurch nicht der Ursprung der Religion, sondern höchstens des

---

*) »der im vorigen Jahr Katholik ward« (s. A. A. Zeitung, 1858).

Aberglaubens erklärt werde. — „Wie die Völker, heißt es weiter, so ihr Gott; sie bilden ihn nach sich." Daß dies umgekehrt der Fall sei und sein müsse, daran wird nicht gedacht. — „Alle vorgebliche Offenbarung ist rein menschliches Machwerk, die Bibel ein trübes Gewirr menschlichen Aberglaubens, unfreiwillig dichtender Sage, ein pfäffisches Truggewebe, ein Zaum für das dumme Volk. Welt- und Kirchengeschichte sind eine Geschichte menschlicher Verkehrtheit und Selbstsucht. Ein Reich Gottes giebt es nicht, also auch keine unsichtbare Kirche, weil es keinen Gott giebt; die Gebote Gottes sind von den Theologen erfunden. Die sichtbare Kirche ist eine geistige Polizeianstalt, ersonnen theils von schlauen, selbstsüchtigen Betrügern, theils von einfältigen Betrogenen zur Niederhaltung, Aussaugung und Beherrschung des Völkes (Weidling): darum „nieder mit Kirche und Christenthum, sie stehen der Volksfreiheit im Wege!" — Und bei dieser rührenden Besorgniß für das Beste des Volkes nimmt der Materialist ihm die höchsten und reinsten Hebel der Sittlichkeit, der Beruhigung und der Zufriedenheit. — Daß solche Behauptungen jeder Religion, in welcher Form sie auch erscheine, feindselig entgegentreten; daß sich auf solchem mephistophelischen Geiste, „der stets verneint", daß sich auf solchem bodenlosen Nihilismus keine Gemeinde zusammenbringen, keine Kirche (die wie jeder Staat seine positive Gesetzesgrundlage haben muß) bauen lasse, fällt in die Augen. Daher ist dies den Deutsch-Katholiken, den sogenannten freien Gemeinden, welche doch nicht so tief in's Negiren gerathen sind, bisher nicht gelungen. Die Mormonen, welche auf materialistischem Boden schwärmen, *) haben

---

*) Ich will die Lehrsätze der Mormonen, wie ihre Dogmatiker Heyde und Pratt sie lehren, und ihre theilweise Uebereinstimmung mit dem Materialismus nur kurz berühren: „Alles ist materiell, es giebt nichts Geistiges; die Materie besteht aus Atomen, welche die Principien aller Dinge und an sich intelligent sind. Aus der Combination dieser Atome ist der Urgott entstanden, mit ihm zugleich die Königin des Himmels, die Weiblichkeit; diese haben Myriaden von Söhnen und Töchtern, für welche immer neue Welten und Körper erschaffen werden. Diese Seelen (105000 Millionen) steigen nach ihrem Belieben in Menschenleiber (tabernacula, Hütten) herab [eine Indische Meinung], denn ein Leben in Liebe hilft ihnen schneller zu einer höhern Stufe der Entwicklung. Pflicht ist daher, mit allem Vermögen die Erzeugung neuer Tabernakeln zu befördern, besonders für das Weib, welches nur mit einem angetrauten Mann ins himmlische Reich eingehen und deshalb von ihrem Propheten einen Mann verlangen kann. Den Männern ist Vielweiberei erlaubt: der Prophet hatte vor einigen Jahren 32 Weiber und 150 Kinder — die drei Mitglieder der Präsidentschaft zusammen 52 Weiber."

zwar versucht, sich in Nordamerika in größeren Gemeinschaften geltend zu machen; sie werden aber keinen Bestand haben. — Die Gegner brauchen solche Theorie, die in Wirthshäusern und Tagesblättern dem Volke geprebigt werden, zu scheinbarer Rechtfertigung ihrer Meinungen und Handlungen und darum wollen sie sich auch nicht vom Gegentheil überzeugen lassen. „Erst sichtete man die Lehren der Schrift und Kirche nach den Grundsätzen des natürlichen Menschenverstandes, dann wurden sie philosophisch umgedeutet, sonach kritisch (wie man behauptet) vernichtet, und zuletzt wurde an die Stelle des persönlichen Gottes das Naturgesetz, die Kraft der Natur gebracht, damit war dem Materialismus der Weg gebahnt, und ein Fortschritt gethan — in's Heidenthum", alle Grundlage des christlichen Glaubens, der christlichen Zucht und Sitte, alle kirchliche und bürgerliche Ordnung erschüttert. Denn giebt es keinen lebendigen Gott im Himmel, so giebt es auch keine göttliche Ordnung mehr auf Erden und was sich 'als solches noch geltend macht, wird als unberechtigte Schranke, als Hinderniß freier Bewegung und Entwickelung leicht beseitigt. Der Mensch ist Souverain, die Majorität der Stimmen, nicht die Autorität eines göttlichen Gesetzes entscheidet; alle Lebensverhältnisse in Haus, Kirche und Staat müssen sich nach ihrem Eigenwillen gestalten; die Ehe wird ein blos bürgerlicher Contract und braucht der kirchlichen Weihe nicht, die Erziehung der Kinder hat blos den Zweck, daß es ihnen wohlgehe und sie lange leben auf Erden; Kirche und Staat werden durch Personen regiert, die aus Urwahlen hervorgingen, sich in Gemeinde-, Kreis, rc. Behörden abtheilen, aber ohne Rücksicht auf die Entwicklungsgeschichte der Kirche oder auf die größern und geringern Interessen der Gewählten an dem Wohl derselben. Nimmermehr hat aber der Einzelne das Recht, ohne Rücksicht auf das Bestehende, ohne Achtung vor dem Zeugniß und Bekenntniß der Kirche seinen Glauben sich zurecht zu machen nach oberflächlicher Ansicht der Bekenntnißschriften und die etwaigen Gebrechen der Kirche, weil sie mit seiner Betrachtungsweise nicht harmoniren, nach seiner Weise und seinem Dünken reformiren zu wollen. Der Materialismus möchte die Kirche lieber ganz antiquirt haben. Um seiner Flachheit willen, und weil er den sinnlichen Menschen anspricht, hat er zahlreiche Anhänger gefunden, welche durch Tagblätter, Clubbs rc. ihn in alle Schichten des Volkes zu verbreiten suchen, selbst in die Wachtstuben der Soldaten und in die Bierstuben der Philister.

Wenn aber die Kirche fehlt, deren Aufgabe es ist, den Menschen durch Lehre und Predigt, durch Gottesdienst und Seelsorge beständig daran zu erinnern, daß er nicht nur der Erde, einer Familie, einem Staate angehöre, sondern auch Gott, einem göttlichen Reiche, dem Himmel, — daß er also zwar seine Pflicht als Mensch, Familienglied und Staatsbürger gewissenhaft erfüllen und durch gemeinnützige Wirksamkeit sein Christenthum bewähren, aber darüber seine höheren Beziehungen nicht vergessen soll, damit er nicht in ein blos sinnliches, auf Genuß und Erwerb sich beziehendes Leben versinke. Wenn man, wie zur Zeit der ersten Revolution in Frankreich (wo allerdings das katholische Kirchenthum zu einem leeren Ceremoniendienst herabgesunken war), die Kirchen auf einige Jahrzehnte schließen, den Religionsunterricht aus den Häusern und den Schulen verbannen wollte: — da würde bald eine sittliche Fäulniß die Familien und den Staat erfüllen.

Das edlere Familienleben beruhet auf die Heiligkeit der **Ehe**, dieses von der göttlichen Vorsehung angeordnete Band, welches die Menschen zu einem geregelten, sittlichen Zusammenleben vereinigt, dem Fundament aller menschlichen Wohlfahrt, dem edelsten Uebungsplatz der reinsten Tugend. — Der Materialismus scheut sich aber nicht zu erklären: „Die Ehe ist ein zufälliges, rein menschliches Institut, an welches sich das eigne Gewissen selten gebunden erachtet; sie hat einen rein physischen Zweck, und bedarf natürlich keiner höhern Weihe, noch geistig-religiöser Beziehung. Das Verbot „du sollst nicht ehebrechen" ist willkürlich, obgleich es im alten wie im neuen Testamente steht; die Abtreibung der Leibesfrucht *) ist ein natürliches Recht der Aeltern (Büchner). Wenn bei Eheleuten durch den Stoffwechsel neue Gesinnungen und Triebe ohne ihr Zuthun sich regen, die Liebe sich dann in Haß und Gleichgültigkeit verwandelt — wer kann es ihnen verdenken, wenn sie auseinanderlaufen? sie folgen ja nur einem Naturgesetze; früher haben sie sich angezogen — jetzt stoßen sie sich ab. Daß Mann und Weib zu einem treuen Bunde, zu gegenseitiger Hülfeleistung, zur sorgfältigen Erfüllung häuslicher und älterlicher Pflichten, zu gegenseitiger sittlicher Vervollkommnung für die ganze Lebenszeit einander angetraut werden, ist Thorheit. Nur der Mutterwahnsinn (Golz) läßt es erklären, daß eine Frau in die Ehe geht, um ein Dutzend Kinder mit lauter Sorgen

---

*) Dies war allerdings im Heidenthum und selbst bei den Römern und Griechen, namentlich zur Zeit ihrer Sittenverderbniß, ein leider sehr in Schwung gekommener Gebrauch, dem aber das Christenthum mit Nachdruck entgegentrat. (s. Kröger's Archiv für Waisen- und Armenerziehung, Bd. 2, S. 82 ff., wo die ältesten Gesetze der christlichen Kaiser, wie der germanischen Völkerschaften über Kindermord, Kinderaussetzung, Ehescheidung, welche bei Heiden und Juden unter geringfügigen Umständen stattfinden konnte, zusammengestellt sind.)

großzuziehen, ohne bei einem so complicirten Experiment den Verstand zu verlieren und das Leben vor der Zeit quit zu geben. — Nach sieben Jahren ist eure Frau in Folge des Stoffwechsels gar nicht mehr dieselbe. Die stetige Ebbe und Fluth des Stoffes hat die organischen Zellen ihres Körpers, folglich auch ihres Geistes, bis auf die letzte umgestaltet. Eine unmerkliche Taschenspielerei der Natur hat euch die Frau unter den Händen verschwinden lassen und eine fremde an ihre Stelle geschoben. Wer kann es euch verargen, wenn ihr euch das nicht gefallen lassen wollt und euch bei Zeiten nach einer Andern umseht!" (Büchner.)

Somit ist der Ehebruch sanctionirt und das Aufhören der ehelichen wie der kindlichen Liebe ganz natürlich! denn mit euren Kindern und deren Verhältniß zu euch tritt derselbe Fall ein. Warum wundert ihr euch denn, ihr Aeltern und Lehrer, daß die Kinder sich von euren Herzen losreißen, daß kindliche Liebe und Treue, daß Ehrerbietung und Bescheidenheit, daß Vertrauen und Pietät in Familien und Schulen, trotz der Vielwisserei unsers klugen Zeitalters, immer geringer wird; daß sie Rath und Warnung verachten oder in den Wind schlagen und ihre eigenen Wege wandeln nach ihren Launen und Lüsten?

Sie sehen, m. H., daß der Materialismus die Emancipation des Fleisches heiligt, schützt und fördert (daher der Beifall), obgleich er auch vielfach als ein Kind derselben erscheint. —

Natur und Sitte, kirchliche und staatliche Einrichtungen, umgeben das weibliche Geschlecht mit weisen Schranken, die seiner Eigenthümlichkeit und Bestimmung angemessen sind und nicht verletzt werden dürfen, weil das Glück und die Wirksamkeit des Weibes, nicht für die Welt, noch für das äußere Leben, sondern für das Haus und das Familienleben davon abhängen. Jeden Versuch sich dem männlichen Geschlecht in seinen Beschäftigungen, in seinem Auftreten, in seinem socialen Treiben gleich zu stellen, jede sogenannte Emancipation des Weibes, zerstört dessen Würde und seinen Liebeswerth, ein Mannweib ist eine unglückselige Zwittergestalt! Hat nicht das Weib einen edlen, hohen, umfassenden Beruf, dessen Erfüllung alle Kräfte in Anspruch nimmt? Das Haus ist die Welt der Frauen und das häusliche Leben ihr natürlicher Beruf, darauf hat die Erziehung zu achten. Was darüber hinausgeht ist vom Uebel, selbst Musik, Gesang und andere Künste, welche das Leben verschönern, sobald eine Virtuosität bezweckt wird. Mittelbar wirkt sie für die Welt, als Schwester auf ihre Brüder, als Gattin auf ihren Gatten, als Mutter auf ihre Töchter und Söhne, und wenn sie mit „ordnendem Sinn im Hause waltet und mit fleißigen Händen

den Gewinn mehrt", kann dann nicht der Mann desto ungestörter seinem Berufe für die Welt folgen? Oder sind die mechanischen Arbeiten, welche dem weiblichen Geschlecht zufallen, denn wirklich unter ihrer Würde? Alle menschlichen Arbeiten bestehen im geistigen Entwerfen und in technischer Ausführung, selbst der Mann darf sich der letztern bei keiner Berufsart entziehen; auch die weibliche Arbeit erfordert Nachdenken und wird durch Nachdenken veredelt; das ächte Weib findet grade im Kochen, Waschen, Plätten ꝛc. weil es sich in Liebe bemüht für die Liebe, das wahre Glück des Lebens. Dazu bedarf es nur eines reinen Herzens, eines gesunden Verstandes, einer klaren Einsicht in die Verhältnisse der Natur und des Menschenlebens, eines christlichen Sinnes, nicht einer gelehrten Bildung, denn wie wenige unserer schriftstellernden Frauen haben in der Kunst oder Wissenschaft das wahre Lebensglück gefunden! Darum ist es Pflicht des Weibes Zucht und Sitte heilig zu halten, sich bei seiner Schwäche in Liebe unter den Schutz der Liebe zu stellen: das ist die Grundlage seines ganzen bürgerlichen Daseins. Darum ist es eine unglückselige Verblendung, wenn Emancipationssüchtige, schriftstellernde Frauen und materialistisch gesinnte Männer diese Grundlage zu erschüttern suchen, indem sie die Heiligkeit der Ehe angreifen, deren Anerkennung schon ein Vorzug der heidnischen Germanen war, und der christlichen Deutschen Ruhm seit Jahrhunderten gewesen ist. Was aber die Frauen vor allem schmückt, geistig und leiblich gesund erhält: das ist ein frommer Sinn, ein christliches Gemüth und das religiöse Gefühl, welches den sanften innern Frieden gewährt, den die Welt nicht geben kann. Die biblischen Frauen in Bethanien und Bethlehem sind edlere Vorbilder für das weibliche Geschlecht als die mit dem frivolen Zeitgeist buhlenden Frauen unserer materialistischen Romane.

Eine wahre christliche Ehe, gegründet auf frommen Sinn und wahrer Liebe, geheiligt und geweiht durch das Evangelium; eine Ehe, wie sie das Christenthum erst möglich machte, weil es das weibliche Geschlecht aus seinem erniedrigenden Sclaventhume erhob, die Rechte des Vaters über Leben und Tod seiner Kinder weise auf den Zweck der Erziehung beschränkte: kann bei solchen Ansichten nicht bestehen, eine christliche Kinderzucht und häusliches Glück nicht daraus hervorgehen! Kirche und Staat bestehen aber aus Familien. Verfällt die Ehe, verfällt das Familienleben, so verfallen auch Kirche und Staat, weil ein unwissendes, verwildertes, Gott entfremdetes Geschlecht in dieselben übertritt. Denn sind die Gefühle der Liebe und Dankbarkeit, der Ehrfurcht, des Vertrauens und des darauf beruhenden ächten Gehorsams in den Herzen der Kinder gegen ihre nächsten Wohlthäter, gegen Aeltern und Lehrer, nicht durch Lehre und Beispiel, durch ernste Gewöhnung und Religionsunterricht entwickelt und auf Gott übertragen und auf Den, welchen er gesandt hat, als Ebenbild seines Wesens: — wie sollen dann die bürgerlichen Tugenden des Wohlwollens, der Berufstreue, der Gemeinnützigkeit, der Aufopferung für Mitbürger, des Gehorsams, der Achtung vor Gesetz und Obrigkeit herkommen? Und darin liegt schon das Staatsgefährliche des Materialismus!

Im Sinne des Materialismus ist aber der Staat nicht etwa eine auf sittlicher Grundlage beruhende Gesellschaft von Menschen unter einerlei Gesetz und Obrigkeit zur Aufrechterhaltung der Ordnung und Sittlichkeit im Allgemeinen, zur Sicherstellung der Rechte des Einzelnen, damit er unter dem Schutze der Gesetze ein ruhiges, stilles Leben führen, und un= gehindert durch Andere seine Menschenpflichten erfüllen und seine und der Seinen Wohlfahrt nach bestem Wissen und Gewissen fördern kann; sondern der Staat hat lediglich den Zweck, allen seinen Bürgern den möglichsten Genuß zu verschaffen. Er ist nichts als eine Art Club oder Casino, wo Jeder für sein Geld eintreten, sich nach Belieben amüsiren kann, so lange es ihm gefällt. — „In Bezug auf den Ein= zelnen (sagt der Materialist) ist es eigentlich gleich, wie er handelt; aber in Hinsicht auf die Gesellschaft muß er sich doch hüten, daß er nicht mit der Polizei in Conflict komme, oder unter ein Lynch=Gesetz gestellt werde — weil er einmal nicht „wie der Wild' im Walde leben kann." — Eigentlich ist ihm Alles erlaubt, denn er folgt nur einem natür= lichen Triebe, dem er nicht widerstehen kann, und gewissermaßen hat also Niemand das Recht, den Dieb oder Mörder hinzurichten oder in's Zuchthaus zu stecken.*) Geld ist daher die Loosung, (wie im heidnischen Rom, das quaerenda pecunia zuerst kam und nach dem Gelde die Frage nach Tu=

---

*) Die Hauptpflicht des Staates ist doch unstreitig, seine Bürger gegen Beein= trächtigung ihrer Rechte zu schützen, und das geht nicht ohne Strafe. Der Verbrecher bleibt freilich ein Mensch, und mittelalterlich barbarische Strafen müssen abgeschafft werden; Strafen müssen jedoch Strafen — d. h. ein Uebel für den Uebelthäter bleiben. Ist es aber nicht eine sentimentale Uebertreibung, wenn der Spitzbube es im Gefängnisse gemächlicher hat, als der Arme, welchen er in Noth gestürzt hat; oder wenn der Mörder, der mit kaltem Blute Menschen hinschlachtet, beklagt wird, als geschähe ihm groß Unrecht, wenn er seine Strafe leiden soll? — Ist es nicht eine moralische Verkehrtheit, wenn unsere Dichter (freilich nach Regeln der Kunst, nicht der Moral) Räuber und Mörder zu Helden stempeln? So Schiller in seinen Jugendphantasieen den

genb (virtus post nummos): denn daſſelbe iſt der Nerv, welcher alle Hebel in Bewegung ſetzt, und ſein Werth beruht darauf, daß es leicht in Genuß umgeſetzt werden kann! — Jeder iſt ſich ſelbſt der Nächſte, iſt ſein Gott und ſein Richter, daher ein bellum omnium contra omnes (Feuerbach). Jeder rennt und jagt, den Andern zu überholen, zu vernichten, und thut ganz Recht daran; Jeder thut, was er glaubt ungeſtraft thun zu dürfen: er verläumdet, lügt und trügt, ſpinnt Ränke und übervortheilt den Andern, weil — Andere es mit ihm eben ſo machen. Wer das nicht thut oder für Andere mehr ſorgt, als für ſich ſelbſt, iſt ein dummer Kerl. Menſchenliebe, Edelmuth, Feindesliebe, ein „Kreuzigen des Fleiſches ſammt den Lüſten und Begierden", wie das Chriſtenthum predigt, iſt Unſinn, weil es der Natur widerſtreitet; darum „liebe dich ſelbſt und ſuche Genuß" — das iſt das vornehmſte und größte Gebot" (Moleſchott). „Wei aber jetzt nur einige Reiche im Beſitz der Genußmittel ſind, die große Maſſe ſich dagegen mit Wenigem begnügen, ſo muß das Beſtehende (Auge) um jeden Preis umgeriſſen und ein Staats-Syſtem aufgeſtellt werden, das Jedem den möglichſten Genuß ſichert. Der Arme, welcher dem Mehrbeſitzenden etwas wegnimmt, macht eigentlich nur ſein natürliches Anrecht an dem materiellen Beſtand der Geſellſchaft geltend u. dgl." So iſt der Materialiſt, der ſeiner Theorie treu bleibt, ein Egoiſt: er mag der Welt durch einzelne Thaten nützen, den Armen wohlthun, aber der chriſtlichen Tugend und aufopfernden Hingabe iſt er unfähig. Sind endlich Diebſtahl, Mord, Wolluſt, Haß ꝛc. nur pathologiſche Zuſtände, die von Sinneseindrücken und Nervenreiz abhängen, ſo iſt überall von Tugend nicht mehr die Rede. — Welcher verſtändige, rechtliche und geſittete Menſch möchte in einem Staate und unter einem Volke leben, wo ſolche Meinungen regieren! Auf dieſe Weiſe iſt die menſchliche Geſellſchaft ein Babel, von welchem Geibel ſingt:

Und ſie ſprachen: Was brauchen wir fürder des Herrn?
Mag im Blauen er thronen, wir gönnen's ihm gern;
Doch die Erd' iſt für uns, wir ſind Könige d'rauf:
Laßt uns ſchwelgen und glüh'n, ſie gewährt uns vollauf.
Denn die Flur giebt uns Kleider und Brot das Gefild',
Und den Fiſch giebt der Strom und die Forſtung das Wild,
Und die Harfe den Ton und die Rede den Schaum,
Und das Weib ſeinen Reiz, und das And're iſt — Traum!

Karl Moor, ſo Victor Hugo in: »Der letzte Tag eines Verurtheilten«, wo er nicht blos gegen die Todesſtrafe ſpricht, ſondern eigentlich der Geſellſchaft das Recht beſtreitet, den Verbrecher zu richten; ſo Bulwer im »Paul Clifford.« Die Extreme berühren ſich!

Daß solche Grundsätze und Lebensansichten, sobald sie um sich greifen, wie ein sittliches Aqua tofana heimlich, schleichend, leise den Staat in seinen Grundvesten auflösen, das Volk um alle Stützen seiner Sittlichkeit, um alle Ruhe und Zufriedenheit bringen; das häusliche Leben im wilden Genusse, in Ueppigkeit und Schwelgerei versenken und also die Grundsäulen, auf denen das zeitliche wie das ewige Wohl ganzer Völker wie einzelner Menschen beruht, bis in's Innerste verderben müssen: das liegt auf der Hand, und blind muß Der sein, welcher es nicht anerkennen will! Die Ahnung solcher Gefahr erklärt auch wohl den blutigen Angriff, den die Mormonen seitens der Nord-Amerikaner, denen doch sonst das Fürsichsorgen — die Eigensucht — nicht fremd und jede Religionsform gleichgültig ist, erfahren haben. Die Staatsgefährlichkeit dieser Ansichten wird aber auch durch die Geschichte vielfach bestätigt; denn als ihnen in Griechenland und in Rom gehuldigt wurde, gerieth das Volk in sittliche Fäulniß und der Staat eilte seinem Verderben entgegen; als im Mittelalter entsittlichte Päpste sich in sinnliche Genüsse versenkten, wankte das Papstthum; als die französischen Encyklopädisten den Materialismus mit aller Kunst einer lockenden und verlockenden Darstellung dem Volke eingeredet hatten, ergaben sich König und Hof, Adel und Geistlichkeit dem gröbsten Sinnengenusse, dem kältesten Egoismus, und — die Revolution war vor der Thür!

Möge der neue Materialismus nicht ähnliche Folgen haben, sondern der reine, lebendige, christliche Glaube dem Reiche Gottes zum Siege verhelfen! „Denn das Elend (und daher auch die Unzufriedenheit und Gährung) in unsern modernen Staaten — sagte treffend der Consistorialrath Carus auf dem Hamburger Kirchentage — kommt nicht von Telegraphen und Dampfmaschinen, deren können wir uns freuen; sondern von dem Materialismus, der Emancipation des Fleisches, durch welche die Nahrungsmittel an die Stelle der Gnadenmittel, die Küche an die Stelle der Kirche treten." Auf dem stürmenden Meere des Lebens bedarf aber der Mensch eines festen Zieles, eines Polarsternes, auf welchen sein Auge fest hinschaut: das ist Gott und Ewigkeit; eines Kompasses, der ihm die rechte Richtung anzeigt: das ist Gottes Wort und das Gewissen; er bedarf der Ruder, um auf seiner Bahn weiter zu kommen: das ist der freie Wille. Rudert er nicht, so kommt er mit allem Blicken auf Polarstern und Kompaß nicht weiter; rudert er ohne solchen Hinblick, so geräth er auf Abwege und Klippen. Nur wenn er das Ziel unverrückt vor Augen wie im Herzen hat und mit fester Hand das Ruder führt, erreicht er trotz Wind und Wetter, selbst wenn sein Schiff hie und da auf Abwege geräth, immer wieder die rechte Bahn und endlich den ersehnten Hafen.

Die Naturforschung unserer Zeit hat allerdings einen Theil der Wissenschaften erweitert, unsere Bekanntschaft mit der Sinnenwelt und unsere Mittel vermehrt, von der Natur Nutzen zu ziehen; unsere Wohnungen sind glänzender, unsere Städte prächtiger, unsere Sitten höflicher, unsere Lebensart feiner und unsere Genüsse mannigfaltiger geworden. Sind wir aber dadurch weiser, besser, glücklicher, froher und zufriedener geworden? Ein Geräusch der Unbehaglichkeit und Unzufriedenheit ertönt durch alle Staaten vom höchsten Norden bis zum tiefsten Süden, ein tiefer Seufzer geht durch das ganze bürgerliche Leben: ihn kann die Welt nicht stillen, noch was in der Welt ist; nur der lebendige Glaube vermag dem wankenden Frieden in der Brust die rechte Haltung zu geben und den Geist auf das Eine hinzulenken, was noth ist — und den soll der Materialismus uns nicht rauben! Denn hat er etwa, wie spottend und zudringlich*) verkündet wird, und mancher nachbetet, den

---

*) Der gelehrte kathol. Theologe Hug sagt sehr richtig: »Es giebts nichts Intoleranteres, nichts Hochmüthigeres als die Oberflächlichkeit. Mit Fug und Recht darf man doch wohl an diejenigen, welche gegen Christenthum und Bibel, gegen die Kirche und ihren Lehrbegriff keck und dummdreist die Lanze einlegen wollen, die Forderung stellen, daß sie, was sie zu beurtheilen sich herausnehmen, wenigstens kennen und wirklich begreifen; damit sie nicht mit einem Gespenste fechten, oder à la Don Quixote mit Windmühlen. Wenn ein Laie über Homöopathie oder Allopathie, über das Jus oder die Physik in gedächtnißmäßig angelernten Phrasen faselt, so lacht man ihn aus, und das von Rechts wegen; über Theologie und Kirche, welche es mit den höchsten und heiligsten Objecten zu thun haben, glaubt jedoch Jeder mitreden zu können, wenn er auch kaum seinen Katechismus versteht und seinen Verstand nur an den sinnlichen Beziehungen und den Pfiffigkeiten des gemeinen Lebens geübt hat. Von solchem Rationalisten kann man doch wenigstens verlangen, daß er so viel ratio habe, so vernünftig sei, die Einbildung aufzugeben, Alles, was sich in seine Begriffe nicht einschachteln läßt, sei auch nicht zu glauben, und zuzugeben, daß, wenn »ein Buch (oder eine Wahrheit) und ein Kopf zusammenstoßen, und es klingt hohl, die Schuld nicht immer an dem Buche liege«; so bescheiden, es nicht für unmöglich zu halten, daß andere Leute in einer kirchlichen Lehre, für welche er in seiner Geistesrichtung und seinen Lebensbeziehungen das Organ verloren oder abgestumpft hat, nicht allein göttliche Wahrheit und Weisheit, sondern auch göttliche Kraft und Beruhigung finden können; so tolerant, ihnen Bibel und Christenthum zu lassen und nicht zu verlangen, daß sie dem hohlen Nihilismus und dem armseligen Indifferentismus, womit er sich in lächerlicher Eitelkeit brüstet, huldigen sollen; so gewissen-

Glauben an Gott und an christliche Offenbarung unmöglich gemacht? Keinesweges! Er hat ihn nur in Jedem befestigt, der seine bodenlosen sogenannten Gründe zu würdigen versteht, dessen Verstand nicht verfinstert und dessen Herz nicht schon ganz dem Leben aus Gott entfremdet ist; in Jedem, der dessen gefährliche Folgen für das häusliche und bürgerliche Leben, für Staat und Kirche, für Sittlichkeit und Religion, denen er allerdings feindlich gegenübersteht, klar und deutlich erkannt hat. Die Naturforschung hat aber ihre Gränzen da, wo die Wahrnehmung aufhört; sie hat es mit der Körperwelt und ihren Gesetzen zu thun und ist an das Erscheinende gebunden; sie hat kein Mittel, keine Fähigkeit und keinen Beruf über das Sinnlich-Wahrnehmbare hinauszugehen und das Uebersinnliche zu begreifen, hat aber deshalb auch kein Recht es abzuläugnen, weil es nicht tast- und wägbar ist. Mit der wahren und ächten Naturforschung steht das Christenthum durchaus nicht im Streit; ihm erscheint ja das Sichtbare als Offenbarung und Spiegel des Unsichtbaren, und dessen Erforschung als eine Verdeutlichung des Göttlichen, ohne welches uns Natur und Mensch ein ewiges Räthsel bleiben; nur daß es die Naturbetrachtung allein nicht für ausreichend erklärt, um zur Religion, zur vollen Idee Gottes zu gelangen, und darum zu jenen äußerlichen Thatsachen noch die Nothwendigkeit einer außerordentlichen, innerlichen und geistigen Einwirkung Gottes (Offenbarung) auf Geist und Gemüth der Propheten 2c., zur tiefern Erkenntniß der göttlichen Wahrheit wie zur Anregung der in uns schlummernden religiösen Ideen und des religiösen Lebens, anerkennt und voraussetzt.

Darum wird auch kein verständiger Theologe und Pädagoge den Anfangsunterricht in der Naturkunde für unsere Schulen verwerfen. Er ist ja, wie Jean Paul sagt, „das Zuckerbrot, welches man den Kindern bei ihrem Eintritt in die Schulen in die Tasche steckt"; nur gegen die ausschließliche und einseitige Behandlung desselben, welche über die Natur die höhere Kenntniß von Menschen und von Gott vernachlässigt, oder die Religion aus der Natur zu construiren vermeint; nur gegen die falsche Richtung, welche der Materialist einschlägt, und gegen die traurigen Folgen, welche unausbleiblich daraus hervorgehen,

haft, mit dem tückischen Vorwurf der Heuchelei, des Pietismus und Mysticismus gegen treue Bekenner eines klaren und warmen Christenthums erst dann aufzutreten, wenn er zur Begründung solcher Verläumdung nicht subjective Einfälle, sondern objective deutliche Gründe anführen kann.

steht das Christenthum seiner innersten Natur nach im scharfen Widerspruche, bekämpft sie und muß sie bekämpfen, eben weil es reine Sittlichkeit will, welche nicht ohne wahren Glauben bestehen kann, weil sie Frömmigkeit will, die eben in Sittlichkeit aus Religion besteht, — und die Schule, welche nicht blos eine Lehr-, sondern eine sittlich-religiöse Erziehungsanstalt sein soll, muß darin mit der Kirche Hand in Hand gehen, um das kommende Geschlecht vor diesem Gift zu bewahren!

Zwar das Denken hat seine Rechte und die wissenschaftliche Forschung ihre Berechtigung; aber nur dann ist das Denken und die Wissenschaft ersprießlich, wenn sie vom rechten Wege zum höchsten Ziele der Menschheit nicht abweichen. Zwar das Christenthum steht in Staat, Kirche und Familie nicht auf so schwachen Füßen, daß es von menschlichem Wahn, menschlicher Spitzfindigkeit oder von einem glaubenslosen, wenn auch noch so gelehrt scheinenden Buche seinen Untergang fürchten müsse; es hat seit Jahrtausenden siegreich Kämpfe bestanden und den Angriffen stets eine tiefere Auffassung entgegengestellt, also im Ganzen und Allgemeinen Gewinn davon getragen; aber gefährlich bleibt es doch für Einzelne, wenn Meinungen, welche Glauben und Sittlichkeit, Recht und Gesetz bedrohen, vor den Ohren von Kindern, Halbgebildeten und geistig Unmündigen als unumstößliche Wahrheit gepredigt und mit blendenden Scheingründen vertheidigt werden, weil diese gegen solche Angriffe keine Vertheidigungswaffen besitzen und das Unhaltbare der Vordersätze nicht zu erkennen vermögen; weil die gewöhnlichen Schlagwörter: „geistige Freiheit, Fortschritt mit dem Zeitgeist rc." der großen Masse imponiren; weil jene Grundsätze sich an die sinnlichen Neigungen anschmiegen und der Eitelkeit schmeicheln.

Gewiß bedarf es nur, geehrte Anwesende! der Hinweisung auf das Unhaltbare und Gefährliche dieser Auffassung der Natur, um Sie zu veranlassen, auf Ihre Schulkinder, welche vielleicht solche Ansichten im häuslichen oder geselligen Kreise vernommen haben — auf Ihre jüngern Mitarbeiter, welche sich leicht vom Neuen und Scheinbaren blenden lassen und dann gern die neue Weisheit verkündigen, Ihre Aufmerksamkeit hinzulenken, um ihr in der Schule oder wo sie sonst im geselligen Leben vorkommt, mit dem vollen Ernst der Wahrheit und des Rechtes zu begegnen und dem eindringenden Verderben entgegenzutreten. — Damit aber wäre denn auch der Zweck meines heutigen Vortrags erreicht, und es bleibt mir nur noch übrig, Ihnen zu danken für die lebendige Theilnahme, welche Sie demselben bewiesen haben!

www.ingramcontent.com/pod-product-compliance
Lightning Source LLC
Chambersburg PA
CBHW032120080426
42733CB00008B/1001